MICHELE BASSO

LA CITTÀ DELL'ANIMA

A mio fratello

Hai amato la gioia
Hai amato la vita
Hai amato la tua città

Ora non ci sei più
Sei andato via e inutilmente ti invoco.
Non mi rispondi.
Sei così lontano!

Svogliata è ora l'anima mia
e in subbuglio il mio cuore.
A chi parlerò oggi?

Michele Basso

Napoli, città antica, nobile, ricca di umanità mediterranea nasce ad opera dei Greci che rifondarono una loro colonia che portava il nome della sirena Parthenope. Napoli fu valorizzata dai Romani e dai Bizantini, esaltata da chi venne a dominare dopo di loro, malgrado tutte le vicende storiche non ha mai perso il suo carattere ellenico. Poiché tutt'oggi il napoletano ha l'innata caratteristica di essere un ingegnoso pensatore, un versatile moderno Ulisse protagonista della propria Odissea della vita capace di trarre vantaggio anche circondato da avversità. Il Professor Michele Basso, uomo di vastissima cultura, autore del presente libro, oltre a raccontare Napoli in molti suoi aspetti, comprende come la città e la sua gente hanno le "carte in regola" per divenire palcoscenico per la rappresentazione sia dei comportamenti e dei sentimenti dell'uomo contemporaneo sia della politica attuale. Napoli dunque assume il ruolo di "città dell'anima" in tutte le interpretazioni possibili della frase. Dopo aver letto il libro, ricco di aneddoti e azzeccati rimandi letterari, ci si accorge di aver compiuto sia un percorso di riflessione sul cosmo sia un cammino di arricchimento spirituale. La maieutica dell'antico filosofo greco Socrate, cioè l'arte di far trarre nell'altro le giuste conclusioni, si compie ancora una volta.Ma stavolta ad opera di un vero napoletano e non di un ateniese. Del resto non potrebbe essere diversamente. Posso testimoniare che la luce del sole di Piazza San Carlo è troppo simile, forse uguale, a quella dell'agorà di Atene. Chi è andato a Napoli non la dimentica mai, nel bene e nel male. Ed è lo stesso per il libro "La città dell'anima" perché è uno specchio di Napoli – Neapolis – "La Città Nuova" e che sempre rimane tale, perché capace di adattarsi ai cambiamenti dei tempi senza mai dimenticare la propria identità originale.

Dice Matilde Serao della sua città: "Parthenope non è morta, Parthenope non ha tomba, Ella vive, splendida giovane e bella, da cinquemila anni; corre sui poggi, sulla spiaggia. È lei che rende la nostra città ebbra di luce e folle di colori, è lei che fa brillare le stelle nelle notti serene (...) Parthenope, la vergine, la donna, non muore, non muore, non ha tomba, è immortale...è l'amore"

Napoli è immortale e sa amare chiunque forte della sua plurisecolare saggezza ed esperienza, dunque conosciamola e facciamoci conoscere. Grazie del consiglio professor Basso! Ci farà senz'altro bene dialogare con chi ci ascolta così per come siamo, senza la pretesa di giudicarci.

Dino Marasà, marzo 2017

Dino Marasà è neogrecista, opinionista d'arte e fondatore della casa editrice Studio Byblos.
Per maggiori informazioni www.studiobyblos.com

Panorama di Napoli

Capitolo primo

LA GENTE DELLA MIA CITTÀ

Impasto di un'umanità vulcanica e sfrenata,
furtiva e invasiva, ardente e triste,
antica e mesta. Conosce la voce del silenzio
e respira odore di mare che è libertà e felicità.
Impasto di una debolezza affascinante
associata a una forza tenace
infinitamente complessa. Anime furibonde
come la terra natale.
"Itala gente dalle molte vite".
(Carducci)

Gesù, ma quanta gente! e quanti colori, quanti dolori, quante gioie quante illusioni, quante attese, quante ansie!

È il respiro della città. Della mia città. È la sua voglia di vivere. È il tripudio di bellezza della gente che ama incontrarsi e fondersi, generare una identità e una altissima solidarietà e ama mirar ed essere ammirata godendosi la calma del luogo con il sentimento della luminosa solare giornata. È la storia di tanti di noi. È il tripudio della gente che ama proporsi o negarsi a ritmo alternato con affettuosità o ritrosia e ama attardarsi o affrettarsi muovendosi con agilità fra i passanti quasi a passo di danza come se fosse sospinta da pochi aliti di vento in un contesto di suoni e di silenzi tinto di misteriosa inquietudine che rende nervosa la vita stradale. È l'anima della gente, il suo enigma, la fatica e la durezza dei giorni, il dubbio che squassa la mente, la disperazione che mai cessa di sperare. È il carattere della gente della mia città che ha lunghe e profonde radici nel passato. Mai oscurato nè trasformato dallo scorrere dei secoli. Autenticamente popolare e aristocratico allo stesso tempo. Un insieme di antico e di nuovo di passato e di presente, di quotidianità e di storia. È la nobiltà della gente della mia città nell'essenza della sua quotidianità e nel suo modo di essere in rapporto col bene e col male della vita. Col dolore e la gioia, l'odio e la pace, l'intemperanza e la saggezza. Un agire da grande coscienza che è libertà e levità dell'anima in una complessa realtà. Valori di identità e dimensioni diverse in grado di proiettare il volto del popolo verso lontane stagioni e nell'incontro con la contemporaneità. Ogni vita è una moltitudine di giorni uno dopo l'altro. Noi camminiamo attraverso noi stessi incontrando ladroni, spettri, giganti, vecchi, giovani, mogli e vedove, fratelli adulterini. Ma sempre incontriamo noi stessi. [1] Non ruoli ma individui autentici, persone non personaggi. I personaggi sono maschere create per le fiction - le finzioni del teatro. Persone sono coloro che rappresentano l'incarnazione di una qualità, di una virtù o di un vizio. Trasmettono idee, illusioni, o sentimenti di una solitudine inviolabile o di un individualismo che è una dominante della gente di questa città proiettata in una alterità dischiusa alla trascendenza e che convive con l'intensità dei chiaroscuri, delle ombre di antichi fioriti cortili e con la maestosità di nobili dimore dove paradossalmente la ricchezza e la povertà si ritrovano spesso insieme nei vicoli e vicoletti della città antica e nelle estreme periferie due facce della stessa medaglia: miseria e nobiltà. Condizioni psicologiche e vita concreta che si sovrappongono l'una sull'altra in una continua osmosi che a volte confonde o nega l'essenza e l'esistenza della realtà. Osmosi: passo dopo passo.

I passi allora si fanno preghiera, un abbraccio dell'umano con il divino che negli accadimenti della vita si svela lasciando trasparire la mappa e il senso del pellegrinaggio terreno. Cosmogonia della vita quotidiana ondeggiante fra il mitico, il mistero e il magico: un vivere pieno connesso all'idea della fine così come è la vita di chi vive sopra un vulcano dalla bocca spalancata verso il cielo aperta in uno sbadiglio ancestrale e che può esplodere nei suoi improvvisi e schizofrenici furori in ogni istante. Mescolando così la vita con la morte che amano saltare l'una dentro l'altra per celebrare le proprie nozze. Ma "l'eleganza e l'aristocrazia, la vile umana grandezza, insomma, si inchina

(1) *"L'idiota" di F. Dostoevskij – scritto a Napoli tra il 1868 e il 1869*

riverente a quella che è grandezza vera, trofeo sublime della magnificenza divina." [2] "Un luogo dove la terra respira il mistero"[1]. Un paradiso con sotto l'inferno, il Vesuvio. Una montagna che è un vulcano infuocato, con una energia che sgorga emettendo aspri odori sulfurei e diffonde il senso del mistero flegreo per ogni dove e schiaccia l'aria al suolo. Possente. Rassicura chi lo vive come un grande vecchio che dà quiete e protezione, ma spaventa chi ne teme il subdolo torpore.

Per molti è seno di donna, generosa nutrice di umori fertili e simbolo di virilità per altri. Bello e feroce, che attrae e che respinge. Una luce perlacea proiettata dalla "casta diva"[3] la pallida luna, inargenta i contorni della montagna e della sua possente mole stagliata nel cielo e che fa pensare all'Empireo, alla Sede di Colui che scruta l'interno dei cuori degli uomini e abbatte i venti, ferma il fuoco, i lapilli, la lava incandescente e diffonde la calma nei cieli e placa le passioni umane.

"Comm'è bella 'a muntagna stanotte…
bella accussì, nun ll'aggio vista maje!
N'ànema pare rassignata e stanca,
sott' 'a cuperta 'e chesta luna janca…
…Comm'è calma 'a muntagna stanotte…
Cchiù calma 'e mo nun ll'aggio vista maje!
E tutto dorme, tutto dorme o more
e i' sulo veglio, pecchè veglia ammore…" [4]

Il Vesuvio visto dal poeta. Un Vulcano che è una bellezza unica, essenziale, di una luce magmatica che avvolge cielo, terra e mare. Testimonianza della primordiale forza della natura e del miracolo della sua essenza che è dono di sorella vita e di sorella morte nel loro lungheggiare senza meta tra palme, pini, aranceti, limoneti, rocce salate e lava solidificata: primavera della ciclicità della vita e della na-

(2) Enrico Cossovich – "Il Proteo dei Vulcani"- 1857
(3) Bellini - "Norma" opera lirica
(4) canzone dialettale napoletana "Tu ca nun chiagne"

tura che fecondata diventa madre di visioni, profumi e colori. Epifania della cultura classica, radice ultima e unica della nostra civiltà. Nel segno del mistero greco e nel profilo complesso di quel logos di cui da due millenni e oltre si alimentano la ragione e il cuore degli abitanti della città tanto che ancora oggi gioiscono e cantano insieme con le sirene di Ulisse. E non sono personaggi di una "fiction". Sono persone in carne e ossa. E anche persone mitiche. È un paradosso? Un abisso ontologico? Forse. Ma un personaggio in carne e ossa cosa sarebbe rispetto a un personaggio mitico se non un paradosso e un abisso ontologico insieme? O è tutta una finzione? Chissà!

Panorama notturno da Posillipo

Capitolo secondo

UNA CITTÀ DI SINGOLI

L'immagine della mia città come città - di - folla è suggestiva ma forse anche falsa. Essa è soprattutto una città di singoli che la crisi di valori morali e culturali e quella progressiva dell'ambiente spinge sempre più ad isolarsi e rivolgere ogni interesse e attenzione al passato forse sperando che il presente e il futuro siano degni dell'amore che essi nutrono per il proprio "borgo natio". La propria terra. Sogno di un passato incompiuto rivolto al futuro che diventa rifugio dei desideri non realizzati e rivendicazione delle ingiustizie del presente.

Recupero delle aspirazioni soffocate e vissute in una dimensione perenne fatta di passione e sentimenti che consente di immaginare di poter realizzare azioni maestose e di essere perfino capaci di assumere una ieratica imponenza nel ricordo di un ancestrale paganesimo misto al concetto di spiritualità.

Nessuna aspirazione di laicità della vita. Piuttosto aspirazione ad un immaginario decoro e ad una convenienza di nobiltà che la gente relativamente omogenea sia da un punto di vista culturale che etico, riesce a ritrovare nel passato le stille preziose della sua essenza, della sua identità e il palpito del tempo che scorre e freme in maniera impercettibile. In un antico popoloso e popolare quartiere della città brilla una delle stille più preziose della sua storia umana e culturale: "la sacra famiglia dei cinesi". Lassù alla fine di una sequela di salite, vicoli, vicoletti e gradini si trova quel luogo dal nome esotico che fin

5

dal '700 è percorso da giovani cinesi che frequentano il " Real collegio asiatico" oggi Università orientale tra le più importanti del mondo
e per questo vanto della città. Oggi quella sequela di salite, vicoli, vicoletti e gradini è dedicata ai "cinesi" Giovanni In e Lucio Vu i due
primi allievi ritornati poi nella loro patria come missionari della
chiesa cattolica.

Nobiltà di una plurisecolare amicizia tra il popolo della mia città
e la *sacra famiglia dei cinesi"*. In una osmosi di idee – tradizioni
culturali e storiche. Un'altra stilla preziosa è quello stretto, affollato
e vivace tratto di strada che parte da via Roma contornato anch'esso
da vicoli e vicoletti e che si interrompe appena dopo pochi minuti di
cammino per assumere spazio a forma di piazza nella magica cornice
del Gesù Nuovo e della guglia dell'Immacolata ispirata alle cuccagne
e alle castellane delle antiche feste. Ma riprende subito il suo cammino restringendosi di nuovo e ricomincia il suo percorso fantastico
inanellando un rosario di siti ameni e una indicibile molteplicità di
luoghi d'arte nella delicata penombra dell'oscurità e nel concavo silenzio che nasconde fioriti antichi cortili dall'aria profumata di rose
e gelsomini che è balsamo dell'anima e spazi incredibili che trasfor-
mano gli antichi cortili in affascinanti paesi.

La strada continua stretta in una maglia di itinerari barocchi tra
chiese e palazzi che fanno da contrappunto a scenografiche architetture e poi con precisione chirurgica si infila nel cuore della città come
una lama in un corpo e divide e imprigiona l'agglomerato urbano in
due parti e, come un fiume gorgogliante, irrompe impetuosa trasportata da follia violenta, veloce, scura nell'ombra dei fioriti cortili e
delle nobili dimore e per questa sua connotazione prende il nome di
via Spaccanapoli.

Con la sua anima e il suo brulicare di vite, di psicologie, maschere
e tenerezze e il suo spirito umano. Somiglia molto alla città: tripudio
di bellezza della gente che ama incontrarsi e fondersi, mirar ad essere
ammirata e che si propone o si nega a ritmo alternato con grazia e
raffinatezza navigando sicura nel fiume gorgogliante trasportata da
follia violenta. Per amore di sé e del suo prossimo. Tutto l'agglome-

rato straripa poi in un ulteriore groviglio di strade e si snoda in un intrigo di itinerari: ora corso, ora via, ora piazza, tra illogicità e arbitrarietà, tra case e case, salite e discese, slarghi e vicoli stretti lunghi corti frastagliati o diritti come in un tentativo vano di astrarsi o di liberarsi da certi spazi di pene e di dannazione vere o simboliche dell'intera area urbana imbarbarita dai mostruosi parcheggi di auto e da altre amenità.

Addio vecchio romantico ristretto telaio di decumani e di cardini. Addio! C'è ancora via Omero. Ma non si respira più aria ellenica. Non c'è più Ulisse e neppure Fidia. Addio! Addio Pitagora! Vicende di vita di varia umanità: di grande, media e piccola nobiltà che camminano trasversalmente intersecando la storia e i momenti di non storia di questa ex capitale. Destino che va. Destino che viene. Casualità e arbitrio. Inventiva ed estro popolare per tremila strade con tremila nomi differenti: dal Padre Eterno al Paradiso e a centinaia di santi, di letterati, di eroi veri o presunti, di nobili e plebei.

Tutti protagonisti anima e corpo di questa città situata in una regione che già nell'antichità veniva definita "felix" per la salubrità dell'aria, per il clima mite, la buona terra, la luce splendente e magmatica che avvolge il cielo e il mare e feconda la terra rendendola madre di panorami iridescenti in un'atmosfera di mistero ellenico denso di verità esistenziali. Universo di vulcani, solfatare, colline e ridenti pianure ricche di aranceti carezzati dalla dolce brezza del mare. Fascino della esuberante natura che è nutrimento per lo spirito e aiuta da sempre a superare l'enigma, la durezza del vivere e delle contingenze storiche.

Paradigma di civiltà e inquietudine dell'anima nei cui meandri profondi e osceni hanno luogo il dubbio e il dramma dell'esistere. Espressione dell'umanità della gente del popolo sempre impegnata in attività per la sua crescita morale e civile in un naturale contesto di alterità protesa alla trascendenza e alla conoscenza della verità dell'uomo in quanto tale e del suo io profondo in rapporto al bene e al male, alla quotidianità e alla storia, all'esistere e all'essere oltre il limite della oscurità dello spirito e del buio della mente. Laboratorio delle idee e del vivere in scienza e coscienza. Da secoli la città appare così con questa veste un po' romana e un po' greca pur nella fatica e nella durezza dei giorni.

Ma è una città nuova nello spirito e nel nome: *Neapolis*. Sempre animata dall'ansia di rinnovamento, del fermento culturale e sociale ispirato al realismo della sua umanità, della innata socialità della gente generosa nell'accoglienza e nella tolleranza che ne disegnano un'icona di tipo creativo conosciuta e apprezzata nel mondo. Esperienze autentiche in un mondo falso. Nessun moralismo o fanatismo. Solo primato dell'anima e della forza ancestrale della natura, dell'amore e del sentimento che è filosofia della vita.

Ulpiano Checa, Innamorati a Pompei. olio su tela, 1890.

Capitolo terzo

L'AMORE

*Romanzo del cuore e del piacere
dedizione appassionata e istintiva.
Affetto.
Benevolenza.
Immaginazione e passione.
Felicità e tormento.
Ristoro dell'anima e del corpo.
"Abbiamo trovato delle rose
erano le sue rose erano le mie rose
questo viaggio chiamavamo amore."(*)*

* Per Sibilla Aleramo, da Taccuini di Dino Campana - 1885-1932

È una dolce mattina di un giorno di primavera. Stagione di fioritura,di colori e del tempo che "si rinuova."[1] L'aria è limpida, tranquilla, mite e il sole è splendente. Buon giorno Giorno. Ciao Sole. Ciao dolce mattina. Oh! Ma ecco una giovane studentessa bella come il sole, con i libri sottobraccio, che vezzosa e sicura di sè, sfreccia sui pattini tra la folla attirando ammirate vivaci occhiate di simpatia da parte di un suo coetaneo che la insegue con lo sguardo: incanto della follia che la giovinezza chiama amore. Inizio di una dolce partita di *cache-cache*, a nascondino. Lei si volta e lo nota. Rallenta la corsa con un'aria allegramente sfrontata e sempre cianciosa e sicura di sè instaura un dialogo a distanza fatto di cenni e di silenzi ma ben più eloquente di qualsiasi discorso. È l'amore: l'amore come equivoco e rivelazione. L'amore che toglie la *"tristitia"* nella continua antinomia tra purezza e perdizione. I loro occhi

(1) Lorenzo dei medici detto il Magnifico (1449-1492) da le feste di "il tempo si rinuova" per Firenze rinascimentale

9

impazienti si catturano a vicenda nel dolce gioco del nascondersi per lasciarsi trovare, del perdersi e del rivedersi, del proporsi e del negarsi: stato dell'anima, senso dell'abbandono nel mistero dell'amore, nella magia dell'innamoramento, nel sogno di un "nido d'amore"[2] non costruito invano: una casa in mezzo al mare costruita con piume di pavone e con le scale d'oro e d'argento e con i balconi di pietre preziose e belle come la bellezza di una donna che quando si affaccia ognuno può dire che spunta il sole. Due cuori e un nido d'amore. Un sogno. Il sogno dell'amore fatto di Mediterraneità e del senso poetico della vita che è saggezza e sentimento di fronte ai palpiti dissonanti della realtà. Rivelazione del miracolo continuo dell'esistere e del generarsi.

> *Me voglio fa 'na casa 'miez' 'o mare*
> *fravecata de penne de pavone,*
>
> *....*
>
> *D'oro e d'argiento li scalini fare*
> *e de prete preziuse li barcuni*
> *Quanno Nannella mia se va 'affacciare*
> *ognuno dice "mo' sponta lu sole."*[3]

---

(2) G.Carducci – Poesia –Miramare
(3) Gaetano Donizzetti 1797-1848 – canzone

Capitolo quarto

LE STRADE

Specchi che riflettono l'azzurro del cielo, o
a volte il fango delle pozzanghere dove
i bimbi tentano di varare i loro "battelli"
e dove è possibile incontrare adulatori pazzi
morali, sfacciati, spacconi, prepotenti e
perfino garruli e filosofi.

Città antica che con le sue strade e stradine, vicoli e vicoletti esprime tutta l'intensità della luce mediterranea, fa tornare alla mente certi quartieri di Palermo o di Atene. Le case sono tutte colorate a calce e si possono scoprire meravigliosi giardini all'interno di ariosi cortili. E le voci: siano esse di bambini che giocano o di donne che chiacchierano sulla porta di casa rivelano l'anima antica del popolo. È questa la sensazione che accompagna chi gira per le vie della città dove l'opulenza e la miseria passano, l'una accanto all'altra, senza mai guardarsi in cagnesco ma con un senso di rassegnazione confidente, di balda giovinezza costituendo il fascino del movimento e della vita della gente.

E questa vita della città è immensa: Una confusione rumorosa come un miscuglio di centomila voci diverse o lo scalpiccio affrettato del popolo che si affolla ciarliero, vivace e chiassoso in questo luogo unico antico e moderno che odora di mare ed ha il sapore terrigno della lava e dello zolfo dei campi flegrei. Che città! Il sole, il mare, la bellezza di una donna e l'amore diventano la primavera della vita con il suo linguaggio del silenzio e degli occhi che sanno trasmettersi mille sensazioni in un tempo senza tempo: una metafora di realismo, di speranza, di attesa e della quotidianità dell'esistenza come sentimento di tutto un passato e del presente che si ripete ogni giorno con la sua vita febbrile.

In un luogo unico, antico e moderno insieme in una magica atmosfera di casbah e di suq dove è bello passeggiare e perdersi nei mille vicoli e vicoletti nel loro crepuscolare abbagliante splendore: matrice araba nell'articolazione dell'agglomerato urbano come tessuto viario ad albero in una gerarchia di strade che va dalla più grande sharì ai contornali delle adarves per terminare negli aziqqa, i vicoli che portano nel concavo silenzio degli antichi cortili e nelle antiche nobili dimore.

Un tronco principale con le sue ramificazioni in un percorso labirintico. Ma ecco come per incanto apparire Via San Gregorio Armeno che come un antico albero si erge nel bel mezzo.

Futuro e radici. Ramo come fili di emozioni, di cultura e di creatività. Trame di contemporaneità, di sobrietà e di fasto che proietta all'orizzonte un futuro di felicità dove la tolleranza si trasforma in tenerezza e amore. Corridoio dal fascino aristocratico, provinciale e sensuale, accattivante e perverso come un ambiguo patinato paradiso tale è via San Gregorio Armeno ricca di tabernacoli, chiese e botteghe sempre febbrilmente attive nella creazione e produzione di statuine per la decorazione del Presepe natalizio: l'allestimento scenico della "Natività" ove il pagano si veste di sacralità cristiana e ben rappresenta l'onirico e il reale, il mistero e l'ignoto, la lotta tra le attese dell'immaginazione e le smentite della realtà e della fantasia colta.

O cara città mia!
Città del fasto.
Città di miseria e di nobiltà.

Sovrappopolata, caotica, bella, sorprendente e ambigua. Grande e gloriosa, densa di ombre e di luci, di fasti e misfatti. Ti amo e pregherò per te; amo la tua bellezza, la tua umanità, la tua confidenza col sacro e l'antica carità verso i defunti.

> *"Ogn'anno, il due novembre c'è l'usanza*
> *per i defunti andare al Cimitero.*
> *Ognuno ll'addà fà chesta crianza;*
> *Ognuno addà tenè chistu penziero"* [1]

La peste, la morte e i cimiteri sono intimamente connessi. La saggezza popolare con infinita pazienza e talento li codifica in consolazione e apprendimento. Che sollievo nel costatarlo! E che sollievo rilevare che tu cara nobile città mia sia rimasta intatta e ben salda nella tua propria ironica e irriducibile identità di antica e celebre città greca e romana, bizantina e normanna, angioina e aragonese, spagnola e austriaca! Ancora oggi nonostante il rimescolamento del tuo sangue con quello dei fratelli degli Stati che ti hanno "conosciuta". Si. Proprio così e nonostante le mire e i tentativi di alterarla da parte di chi ti amava troppo e ti detestava nello stesso tempo. Laboratorio di umanità, di epifania, di malinconia e di felicità. Questa è la tua identità, l'identità di ciascuno di noi. Con i sentimenti di ciascuno. Con i pensieri e i gesti di tutti. Senza distinzioni sociali.

Con le domande di ognuno, dei drammi, dei dubbi, delle fatiche e delle volontà di cercare oltre la limitatezza umana la luce divina.

> *"Qui non c'è greco,*
> *né giudeo,*
> *né circoncisione,*
> *né incirconcisione,*
> *né barbaro,*
> *né scita,*
> *né liberi, ne schiavi.*
> *C'è Cristo in tutti".* [2]

(1) a livella poesia di Antonio de Curtis
(2) Bibbia lettera ai Colossesi 9,11

Testimonianze dello spirito del tempo nella coscienza del passato e del futuro. Risorsa per la fantasia e strumento per la crescita personale. Incremento di conoscenza e tolleranza. Amore per un luogo unico, singolare, remoto, misterioso e nascosto come interruzione di una familiarità distratta. Un'armonia discreta dove ogni cosa è funzionale al luogo e all'ambiente che è poi esplicita esemplificazione della luce mediterranea e della sua trasparenza ma anche, purtroppo, delle incrinature e delle ferite che a volte la offuscano. Piena di stratificazione e deformata e con meandri ed enigmi. Grande capitale per secoli fino a quando un bagno di sangue ne spense il primato culturale e civile e una "invasione militare" dalla ferocia inaudita decapitò il fiore della sua intelligenza e fece strage delle popolazioni che si ribellarono all'equazione "sud = barbarie incivili"[3]: scorie dell'antistoria dei popoli. Perla del Mediterraneo, ricca di spiagge e insenature incontaminate, di rocce a picco, colline dolcemente declinate sul mare con cui si sposano, città amata, amabile, patria del pensiero e dell'arte, figura dello spirito e della coscienza, un sogno che tutti hanno sognato.

Ecco la mia città! La "città nuova". Una città che è un vero e proprio miraggio di bellezza e di aristocratico orgoglio delle sue ali dorate del canto e della musica. Mai della sete del potere o di una superbiosa ostentazione della sua storia gloriosa. Tra realtà e fantasia. Miti e leggende. Mai atteggiamenti di sfida altezzosa, neppure durante le storiche gloriose "quattro giornate", mai emulazione del volo potente delle aquile o della fenice. Nessuna Atarassia sia ben chiaro. Recita il poeta:

"Frena l'ali dorate! ove infelice
spazia il tuo volo e folle entrar presume?
Qual superbia insegnotti esporti al lume
e l'aquile emulando e la fenice ?
...
e se del lume ancor t'alletta il gioco

(3) lettera di Carlo Farini a Cavour.

senza incendio mortale avrai nel prato
fiamme in giacinto e nella rosa il foco. "[4]

Saggezza epicurea e quindi tranquillità e serenità. Aspirazioni di una vita tollerante e di quiete, senza malanni e senza invidia alcuna. E soprattutto aspirazioni di vivere in un luogo dove l'amore non sia capriccioso ma gioioso e di una casa in uno spazio dove poter respirare quella mitezza e quella serenità che solo un luogo solitario, arioso e profumato può dare per trascorrere in pace la propria vita.

Il rostro, gli artigli e il volo a tempo e a luogo e saranno utilizzati a dovere per volare liberi nel cielo come aquile sospese in volo e lasciar vagare lo sguardo e l'immaginazione semplicemente per vivere: Per raccontare e raccontarsi. Per sognare l'ellenica memoria di *Kalokagathia* [5].

Per migliorarsi secondo ciò che è buono e bello nel rispetto delle norme che regolano il mondo umano e divino e sentirsi felici. Ma è un sogno, Chissà!

Ma eccolo un luogo ameno proprio lassù in collina tra la salita dei "cinesi" e "il presepe" di Capodimonte con tante ville immerse in splendidi giardini.

Eccone una piuttosto piccola ma accogliente. Vi si accede attraverso un alto e antico cancello di ferro battuto. Ai suoi cardini, attualmente, crescono piante e arbusti senza alcuna cura e dicono pertanto che non è più utilizzato abitualmente. Oltrepassato il cancello si entra in un cortile fiorito e luminoso tipico delle abitazioni di questo luogo che un'antica sapienza dimenticata ha edificato per far vivere le persone non solo per risiedere. Tutto è rimasto come un tempo. Di nuovo c'è l'eco artificiale monotona del traffico proveniente dalla strada principale che contornata da palazzoni anonimi ha

(4) Antonio Basso + 1648 – sonetto alla farfalla.
(5) Kalokagathia - Secondo Aristotele è ciò che è perfettamente buono, bello e virtuoso secondo la sinistra filosofia contemporanea (Nicola Ubaldo in Atlante illustrato della filosofia è concezione fortemente elitaria e antidemocratica.)

rotto gran parte dell'equilibrio di questo luogo ameno.

Quante cose deve aver visto questa villa casa di campagna per una antica famiglia! Quando il centro della città era distante e qui c'erano solo prati e boschi vi andò ad abitare un poeta. [6] Vi rimase fino alla sua morte avendo coltivato una grande trama di amicizie e collaborazione soddisfacendo il bisogno e l'aspirazione di vivere senza malanni di cuore e senza invidia, amando ed essendo amato.

Gioiosamente. Lontano dalla infamità del prossimo. Sulla facciata della villa un'epigrafe dettata dallo stesso poeta.

"Vurria truvà na terra sulitaria senza malanne e core e senza mmria
Na villa addò ce stesse na bella aria e addò ll'ammore nun pigliasse nziria.
sulo accussì luntano d'a tempesta
luntano a tutta quanta l'infamità sta vrunzulella
e vita ca me resta putesse cchiù meglio strascenà"

Un mondo di sogno ormai tramontato per sempre in un dorato malinconico crepuscolo. Frontiere dei desideri. Memoria involontaria. Eppure nonostante questi sentimenti si parla spesso della mia città, la città dell'anima, per dirne più male che bene. A volte a proposito, altre volte "per sentito dire", anche se in verità essa stessa si candida fatalisticamente ad un ruolo di Cenerentola incurante della sua storia non sempre felice ma gloriosa: patria di grandi pensatori come Vico e Croce e di tantissima gente comune che ha saputo cavarsela in ogni situazione e che è ancora capace di inventarsi vie d'uscita inattese anche quando non sembra più esserci scampo.

E che dire della forza che ha di camminare tra le sofferenze senza mai perdere la speranza! E forse per questo motivo molti ne restano affascinati e dicono che questa città, la mia città, è l'unico posto del mondo dove la gente riesce a capire il significato dell'esistenza con tutte le sue sventure e le sue gioie dove il tempo ha una dimensione precisa e particolare: aspettare o rimandare... per qualunque cosa. Perché ogni giorno è domani e speranza come fedele sentinella del

(6) – *Ferdinando Russo – 1866-1927- poeta dialettale.*

16

passato proiettato nel futuro. E allora amico fratello ascoltami bene e con l'orecchio del cuore ben aperto: quando sei in questa città respira pure tu l'aria di quiete e di tolleranza che aleggia per mare e per monti e pensa come questa gente a vivere pago anche delle piccole cose, delle piccole gioie, delle tue proprie idee personali e per questo autentiche, delle tue proprie azioni con tutto il corredo di paradossi, di isolamento e di socialità, di benessere, di sofferenza e di gioie. Di quelle piccole gioie come sorseggiare una tazzina di caffè affacciato al balcone della propria abitazione per essere nel mondo e lontano dal mondo contemporaneamente.

"Io per esempio a tutto rinuncerei tranne a questa tazzina di caffè,... presa tranquillamente qua, fuori al balcone, dopo quell'oretta di sonno che uno si è fatta dopo mangiato. E me lo devo fare io stesso con le mie mani. Questa è una macchinetta per quattro tazze ma se ne possono ricavare pure sei e se le tazze sono piccole pure otto... per gli amici, il caffè costa così caro...

Mia moglie non mi onora, queste cose non le capisce. È molto più giovane di me, sapete è la nuova generazione ha perduto queste abitudini che secondo me sotto un certo punto di vista sono la poesia della vita, perché oltre a fare occupare il tempo, vi danno pure una certa serenità di spirito.

Neh scusate?... Chi mai potrebbe prepararmi un caffè come me lo preparo io con lo stesso zelo ...con la stessa cura ?... Capirete che dovendo servire me stesso seguo le vere esperienze e non trascuro niente. Sul becco... Lo vedete il becco? Qua, professore dove guardate? ...Questo... vi piace sempre di scherzare ...No, no scherzate pure. Sul becco io ci metto questo coppitiello di carta. Pare niente, questo coppitiello, ma ci ha la sua funzione.

E già perché il fumo denso del primo caffè che scorre, che poi è il più carico, non si disperde. Come pure, professo' prima di colare l'acqua, che bisogna farla bollire per tre quattro minuti, per lo meno, prima di colarla, vi dicevo, nella parte interna della capsula buche-

rellata, bisogna cospargervi mezzo cucchiaino di polvere appena ma-
cinata. Un piccolo segreto! In modo che nel momento della colata,
l'acqua, in pieno bollore, già si aromatizza per conto suo.
Professo', voi pure vi divertite qualche volta, perché spesso, vi vedo
fuori al vostro balcone a fare la stessa funzione. E io pure. Anzi, sic-
come,come vi ho detto, mia moglie non collabora, me lo tosto da me.
Pure voi, professo'? E fate bene... Perché quella, poi è la cosa più
difficile:indovinare il punto giusto di cottura, il colore ...A manto di
monaco... Color manto di monaco.
È una grande soddisfazione ed evito pure di prendermi collera, per-
ché se, per una dannata combinazione, per una mossa sbagliata, sa-
pete ... ve scappa 'a mano 'o piezz' 'e coppa, s'aunisce a chello 'e
sotto, se mmesca posa e ccafè ...insomma viene una zoza... Siccome
l'ho fatto con le mie mani e nun m' 'a pozzo piglià cu nisciuno, mi
convinco che è buono e me lo bevo lo stesso. Professò è passato
State servito ? ...Grazie
Caspita, chesto è cafè ...È ciucculata.
Vedete quanto poco ci vuole per rendere felice un uomo: una tazzina
di caffè presa tranquillamente qui fuori... con un simpatico dirim-
pettaio... voi siete simpatico, professò 'O vì, mezza me la conservo,
me lo bevo tra una sigaretta e l'altra" [7]

Non è uno stato di indifferenza di fronte alle vicende della vita
non atarassia dunque ma fantasmi di una *"douceur du vivre"* mista a
veleno: un vivere pieno connesso all'idea della morte che adombra
mistero, *thrilling* e *suspense*. Ma è proprio così?

Sembra effimero infatti perché destinato a sparire in una nuvola
di fumo a dissolversi nell'aria come nebbia così come tutta la vita si
dissolve nella sua quotidianità e nella evanescenza della sua filosofia.
Ama anche tu l'anima segreta di questa città aggredita e impoverita.
Ormai paradiso abitato da diavoli. Così come si sentenziava sulla scia
dei giudizi dei viaggiatori del '700 del Grand tour: miscuglio di stra-

(7) da *"Questi fantasmi"* atto II di E. De Filippo.

nezze e di anacronismi, bollori dell'immaginazione, del dolore e dello stupore. So bene che sono sentimenti rari, faticosi e aristocratici ma so anche che sorgono spontanei di fronte all'ordinario orrore di un luogo che ora è un palinsesto di dissesti, vandalismi, spazi strangolati, uomini umiliati e donne offese. Amico, fratello, tu che hai già conosciuto questa città e tu che ancora non la conosci, vieni. Ti aspetta per abbracciarti ed essere abbracciata. È aristocratica, emarginata, paesana, schiava e regina. Vieni. Lei ti ama già. Tu potrai ritrovarvi le stille preziose della sua essenza inseguendo tra i rami il profumo dei limoni in fiore e l'ombra fragrante dei pini secolari circondati da una natura benigna ed esuberante

"Vieni, ritorna chiunque tu sia. Vieni.
Non importa se sei un infedele, un idolatra o un adoratore del fuoco, vieni.
Anche se hai infranto il tuo giuramento cento volte, vieni.
La nostra non è la porta della disperazione e del tormento, vieni"[8]

Vieni anche se sei un diffidente, uno sbadato o un superbo. Vieni. Sarai sempre un benvenuto. Nessuna passione? No! No! No! Tanta passione o meglio soltanto attese di pace e di un messaggio di shalom universale, regola della carità e invito a quella accoglienza senza giudizio che è caratteristica portante di quell'età che ha il suo simbolo in Gesù: icona liturgica per eccellenza che ha superato ogni periodizzazione storica perché il tempo lo ha in sé:

Kronos e Kairos insieme.

Il tempo come successione dei fatti e il tempo infinito, l'eternità: che è tutto il tempo senza tempo senza passato senza presente e senza futuro. Una sequenza circadiana che è rivelatrice del tempo che si ri-

(8) *Rumi poeta persiano (1207-1273). Versi tratti dal Masnavi l'opera più nota di Rumi che i suoi seguaci hanno voluto riportare sulle pareti del mausoleo di Konia in Turchia dove morì e dove si trova la sua tomba.*

pete in una ciclicità che si stempera nell'eternità. Come se si fosse in una chiesa: un grande luogo dove pregare.

"Il tempo è come una grande chiesa dove talvolta sui volti dei santi calano lacrime vere". [9]

Semplice traspirazione dell'essenza. Incarnazione di un significato profondo, un'essenza: come un vedere con il pensiero ciò che le apparenze non sono in grado di dire o rappresentare o ragionare intorno a valori veri, essenziali o alternativi all'attuale incomprensibile smobilitazione etica e intellettuale da cui un ordine costituito che è in realtà disordine eretto a sistema in cui la criminalità politica e quella camorristica sono spesso a braccetto tra loro con la consequenziale diffidenza di una larga parte di cittadini che si allontana da ogni forma di partecipazione democratica, politica, civile, artistica e culturale. Solo un grande senso dell'orgoglio e di identità personale. Non più di appartenenza. Ma orgoglio della propria storia antica e della parte avuta nella costruzione della civiltà e della capacità di creare e diffondere idee e stili di vita.

E soprattutto identità nella creatività e nell'ingegno, nelle energie e nel lavoro, nella conservazione delle espressioni intellettuali e artistiche comprese nella cultura umanistica di ellenica memoria e nelle ricerche tra multimedialità e orientamenti divergenti filtrati attraverso la lente crudelmente dolce dell'equivoco e del lacerante perverso assoluto. Territorio dove le opportunità di un rinnovato sguardo dentro e fuori di sé sposano una forte e convinta passione.

Contro l'imperante corruzione, il disordine morale e politico eretto a sistema, la nobiltà morale della gente della mia città ha contrapposto il suo naturale antidoto costituito dall'attitudine psichica e quello slancio irrazionale che sottilmente si rifà ad antichi moduli, forse antichissimi, che le consentono di respirare a pieni polmoni sensazioni di autentica cultura e civiltà: vivere la realtà con filosofia e un naturale ancestrale buon senso. A volte però capita che alla visione filo-

(9) *Odisseas Elytis poeta greco Nobel 1979.*

sofica della realtà si mescolano ambiguità e pregi, esaltazione etica della vita ed estrema abiezione in "un impasto di bizzarro, di bellissimo e di orrendo"[10] lasciando ai curiosi di riesumazioni di immagini troppo precise per così dire olografiche, del costume della città che è per unanime riconoscimento una delle più amate metropoli del mondo. Nonostante le irrequietezze del pensiero e delle azioni.

Anzi per poterli dominare e cogliere il significato profondo del divenire degli avvenimenti e di quelle stagnazioni dello spirito che nel corso del pellegrinaggio della vita sulla terra si avvicendano e illudono o disilludono anche chi consapevolmente e inconsapevolmente crede o ha creduto di aver conseguito un risultato o aver raggiunto un traguardo prefissato o addirittura di aver conosciuto la "verità". Quante illusioni dietro ingannevoli illusioni vengono così sbloccate! Ciò non toglie che resti ancora "inquietum cor nostrum" visto che sempre, alla fine, compare la rivelazione che non esiste alcuna certezza e alcuna verità e che ciò che si credeva di aver scoperto non ha alcun significato e alcun valore. Solo di fronte al prodigioso evento di una nuova nascita, una nuova vita si rivela in assoluto un aspetto essenziale dell'esistenza sulla terra: quello che in ogni nascita si affaccia un'essenza di mistero che è simbolo di Dio. Silenzioso, amorevole e luminoso. Segreta anima delle relazioni umane.

"Dove sono i bambini c'è l'età dell'oro" [11].
I bambini sono "creature"; sono figli.
Sono la continuità della vita.
Sono l'eternità. Perché ogni nuova vita è un "Messia".

In questa città allattante e poppante dove l'amore si redime con la procreazione ogni nuova nascita è come se fosse un nuovo inizio del mondo: un aspetto cioè della ciclicità della vita e dell'essenza di una libertà autentica che si realizza poi compiutamente quando si rende

(10) Renato Fucini - 1843-1921.
(11) Novalis– pseudonimo del poeta tedesco Friedrich Von Hardenberg (1772-1801) "Frammenti Antropologici".

autonoma rispetto alla madre e al padre pur conservando l'inestinguibile legame con loro: "Onorare il padre e la madre". È la condizione essenziale per sviluppare e mutare una relazione d'amore con se stessi e quindi con il proprio prossimo.

Per la sua felicità e la propria per cicli e cicli vitali nella prosperità unita alla virtù. Sostanziandosi di valori e di opere nel miracolo continuo dell'esistere e del generarsi.

Archivio mentale in cui accogliere queste considerazioni e quel sapere fluido e incollocabile che a volte intasa il pensiero e la mente ma non il cuore. Specie se è un cuore di "mamma". Cuore fremente e palpitante d'amore infinito di fronte alla nascita di una nuova vita. Nella mia città in epoche passate le madri che non erano in grado di allevare i propri figli li affidavano alle cure e all'assistenza amorevole delle suore dell'Orfanotrofio dell'Annunziata. Nel mondo di oggi moderno ed emancipato molte anzi troppe donne, soggetti certamente deboli di pensiero ma ricche, capricciose e viziate non amano essere né vergini né madri e quando capita che hanno un figlio lo vedono non come un dono di Dio ma come un... incidente di percorso. E il neonato per questo viene "affidato" ormai è con sempre maggiore frequenza alle cure e all' "assistenza" dei cassonetti della spazzatura. Banale cinismo metropolitano, parrucche bionde, facce di gomma dall'io interruptus di donne dallo stato mentale incerto ed eccentrico? È questo il diritto di scelta e di autonomia della donna moderna?

È questo la dottrina e la conquista delle "femministe"? o è piuttosto la conquista della licenza di uccidere, di tradire, di commettere adulterio, di controllare e decidere della vita?

Interrogativi che non esprimono un moralismo implicito. Più che un moralismo esprimono una morale in quanto ad essere condannate non sono tali comportamenti seppure biasimevoli in sé, quanto l'ambiente che li prepara e li sollecita. L'idea del peccato non esiste più almeno nel modo come avveniva nei tempi passati quando tale idea determinava dimensioni tragiche forti e vedeva nell'adulterio la rottura dell'equilibrio familiare. Oggi non è più così. Ciascuno è libero di comportarsi come meglio crede e di tale comportamento ne fa una dottrina, una scelta di autonomia in piena libertà di pensiero e azione per assumere a ben vedere l'aspetto di una melissa di pseudo - pensiero, di perversione e di un eccesso di energia astratta che conduce ad un punto morto, ad una situazione di stallo simile a quella degli aerei quando perdono quota e precipitano. È una libertà di pensiero che privilegia l'effimero in sé per una fasulla auto gratificazione della propria identità.

Niente di più.

Ma è proprio così ? Forse. Ma se è così come uscirne?

Per ora non resta che attendere e sperare senza sparare. E chi ha fede sarà bene che preghi.

Storia e storie senza provincialismi. Storia di una notte d'estate quando fu fatto scivolare un bimbo appena nato nella ruota dei trovatelli dell'orfanotrofio dell'Annunziata. Aveva l'orecchio destro bucato da un cerchio d'oro che gli aveva lasciato la madre come testimonianza del doloroso distacco e del suo amore spezzato da un perfido destino.

Il piccolo affidato con dolore ma con fede alla misericordia di Dio e degli uomini di buona volontà fu registrato con il nome di Vincenzo Genito -"generato"- fratello anonimo di tanti "figli della Madonna". Fu generato. Non fu un incidente di percorso e crebbe e diventò quel grande talento artistico che tutti conoscono come Vincenzo Gemito. Un percorso di vita aspra e solitaria dagli inediti punti di contatto tra le rappresentazioni plastiche delle sue sculture e il mondo reale e tra intuizioni geniali e terribili irrequietezze, tra l'isolamento e le esaltazioni visionarie.Vincenzo Gemito. Ecco una nuova nascita. Ecco un nuovo inizio nel mondo del mistero, della emozionante malia dell'essere e dell'avere nel manifestarsi della ciclicità della vita. Purtroppo il suo "essere" fu l'aver paura e provare dolore. Il suo avere fu la trasgressione e il desiderio di vivere in pace con se stesso: sisma dell'amore potente, silenzioso e discreto e della forza dei sentimenti legati di quel *"cerchio d'oro"* all'orecchio che fu presenza e assenza nello stesso momento dell'amore della madre e della sacralità di generatrice della sua vita. Così nella mia città. Terra di atmosfere di diritti e di doveri, di suoni e dolorosi silenzi, di consapevolezza della caducità e della transitorietà delle cose, dei fatti e degli eventi: mistero della vita, mistero dell'amore. Terra dove gli uomini sono uomini: *zakar* e le donne: *neqebah* (ebraico biblico) maschi e femmine così come sono stati creati da Dio.

Tipico presepe napoletano

Capitolo quinto

IL NATALE

Ogni anno a Natale in quasi tutte le case le
Famiglie si riuniscono e rievocano
il miracolo di quella notte santa
che ha segnato il punto e a capo della storia.

"Quando i giorni si fanno sempre più corti, quando in un normale inverno incominciano a cadere i primi fiocchi di neve allora, timidi e lievi, fanno capolino anche i primi pensieri di Natale",[1] della solennità del Natale: il giorno che ha cambiato tutti gli altri giorni. Ogni anno nel mese di dicembre in ogni casa della città si celebra la nascita del Bambino Gesù ricordando e rappresentando l'avvenimento con la costruzione del Presepe: una scenografia in cui come in un esorcismo pagano, negativo, il buio e l'angoscia della morte, si erge la grotta buia e fredda e una povera mangiatoia contornata da ruscelletti e dalle case dei pastori. In realtà più che celebrare una ricorrenza si celebra un mistero: il mistero della buona novella venuta alla luce in quella Notte Santa in quella grotta – tempio – microcosmo dell'amore incuneata nella montagna, nelle viscere della terra con il suo valore simbolico di utero del mondo da cui si espande la misericordia[2] celeste: palingenesi dell'immagine.

Tutto è rinato in quella grotta misera e spoglia. Da quella *"Patria del niente"* la storia ha segnato il suo punto e a capo. Legando con mille fili invisibili le molte storie che si riferiscono a quel luogo sacro dove c'è il Bambino Gesù, una donna di nome Maria, sua madre sa-

(1) *Edith Stein (1891-1942) – Mistero del Natale.*
(2) *La parola misericordia trova significato sia nella lingua araba che in quella ebraica per la radice RAIM della parola utero da cui parto, vita.*

25

crale figura di donna depositaria di antichi culti e un uomo di nome Giuseppe suo padre adottivo. Tutti insieme entro il grembo della natura dove trovano posto anche un bue (l'Egitto) e un asinello (la Palestina). Una famiglia nel mondo: padre, madre e figlio, in Egitto come in Palestina a rappresentare la coppia umana come immagine di Dio e a determinare una percezione nuova della sua forza vitale reinterpretando la realtà.

Dio creò l'uomo a sua immagine maschio e femmina nella loro capacità generativa e nella loro feconda relazione d'amore capace di significati universali[3]. Il presepe eroico unico paradigma fotografa questo avvenimento con le sue figure scavate come divorate dalla brama del vivere ben rappresentate nelle infinite variazioni fra gli estremi della raffinatezza e del trivio, cingendo così, assieme nel cerchio di uno sguardo, non di faccia o per di dietro ma di scorcio con la disperata violenza e la sublime bellezza del mondo. Di quello reale e di quello immaginario. Della realtà fisica e del sentimento del maschio e della femmina.

Ma può il Presepe rappresentare tutto questo? Sembrerebbe di si nonostante che nell'immaginario collettivo e nella prassi folcloristica e commerciale il Natale sia sprofondato in una sorta di magica nebbia che si ammanta di sentimenti e vezzi infantili. Il Presepe ripropone un evento prodigioso: la Natività nella sua umile quotidianità con il suo carico di significati. Sprigiona da sé una luce cha fa pensare e riflettere mentre il contrasto tra la stalla di Betlemme, luogo oscuro e la luce del messaggio d'amore della Madre per il Figlio coinvolge tutti. Linguaggio universale. Opulenza di calore e di colori e una peculiare capacità di evocare atmosfere realistiche, magiche e devozionali in una trionfale rappresentazione di moduli figurativi ed espressivi caratteristici di questa forma d'arte popolare facile da comprendere.

Ancora oggi il Presepe riesce a raccontare con pari coerenza e continuità nella globalità delle idee e dei fatti gusto e cultura proprio attraverso la rappresentazione dei "personaggi" del popolo minuto o del mondo della mitologia o della storia. Con un linguaggio semplice intinto in parte nell'humus fertile della fantasia popolare che molti hanno confuso con l'arte di "arrangiarsi" e in parte nell'invenzione del gioco come sperimentazione e creatività, miscuglio di devozione e feticismo, di raffinatezze aristocratiche e pulsioni plebee, di rappresentazioni della realtà e del mondo irreale nella dannata lotta per sopravvivere ai margini del vivere.

La rappresentazione del falegname con famiglia a carico, la moglie incinta al nono mese, sballottato dalla burocrazia imperiale in un viaggio disagiato, senza un posto per dormire costretto a riscaldare *"o' piccirillo"* con il fiato animale appassiona per certe evidenti analogie il popolo napoletano povero ma prolifico e quindi con un bisogno continuo di raccomandazioni in cielo e in terra: alla madonna di Pompei o a San Gennaro o a Gesù o al Bambino Gesù.

Un bisogno devozionale che si trasforma in opera d'arte che diventa teatro e mito del teatro come vita e vita come teatro: muto specchio dell'anima che pone problemi e chiede soluzioni che forse non esistono. Solo arte come teatro che provoca una reazione immediata ed emozioni autonome della conoscenza per ciò che le statuine rappresentano: la vita quotidiana della gente frammentata come coriandoli colorati ma sublimata dalla umiltà e dalla semplicità del contesto sociale dei singoli personaggi o di gruppi o del tono festoso e spettacolare delle scene di vita popolaresca ben riconoscibile e nell'immediato e tangibile spirito del popolo semplice e tollerante, intelligente

(3) GENESI -1,27- Espressione usata secondo i canoni del parallelismo. "Dio creò l'uomo a sua immagine" che viene poi rimarcata in forma chiastica cioè invertita "A immagine di Dio lo creò" a cui corrisponde in parallelo la bipolarità sessuale, maschio in ebraico = puntuto e femmina = forata cioè "zakar" maschio e "neqebah" femmina: la capacità di possedere e dare vita da parte dell'uomo in quanto maschio e da parte della donna in quanto femmina. L'immagine divina in ebraico "selem" e in greco "eikon" nel significato di trasposizione dell'essenza ha il (suo parallelo esplicito in maschio e femmina: "zakar" e "neqebah"

e brontolone con i suoi sogni di sempre. Ma con il cuore aperto alla luce della speranza e con la gioia di sentirsi popolo.

La resa minuziosa e attenta dei caratteri e dei misteri della plebe del contado e delle Province dell'Antico Regno ben rappresenta anche quell'atmosfera idillica e apparentemente spensierata, malinconica e triste nello stesso tempo della gente di ieri come di quella contemporanea. Ma perché malinconica e triste? Forse per paura? Si per paura. Paura dell'ignoto, del terrore delle guerre vere o presunte, dell'insicurezza della vita civile e democratica e dello strapotere del capitalismo politico-criminale che minaccia il tessuto sociale dell'intero Paese.

Paura della precarietà del lavoro
Paura della negatività del neo-umanesimo
Paura dell'umanesimo negato.
Paura della solitudine che è schiaffeggiata dal vento dell'ignoto.
Paura della solitudine che schiaffeggia... l'anima.

Capitolo sesto

CITTADINI ALTRIMENTI

Polytropos. Persone dai tanti
luoghi e dai tanti lati dalle mille
sfaccettature che agiscono prima di pensare.
Istintivi. Passionali.
Eroi dell'astuzia?
Chissà!

Ma che fortuna!

Eh sì. Che fortuna se resta ancora viva l'eccitazione e quella folgorazione rigorosa e provocatoria che si dilata e si espande nonostante la irrespirabile putrida aria della corruzione della democrazia, della politica e dei suoi cortigiani *"vil razza dannata"* che con i loro fantasmi sublimi o osceni assetati di denaro, potere e piacere in nome di una democrazia ormai come un uovo svuotato dall'interno, priva dei suoi valori ideali diventa demoplutocrazia cioè formalmente democratica ma in realtà espressione di quel potere invisibile che è il cancro delle società civili quale è il potere della Finanza, delle banche, della economia del mercato e degli imbonitori politici che operano contro la terra e contro il popolo in maniera sempre più scriteriata: togliere ai poveri per dare ai ricchi e alle banche indossando, meschini, la divisa da lacchè. Un po' d'onestà non guasterebbe. Ma oggi essa ha il sapore dell'oggetto del desiderio. Non più dunque forma di governo fondata su una visione ugualitaria dei rapporti sociali e dei diritti civili e politici ma espressione di una ipocrita tolleranza laica o confessionale che sia in cui sono tutti contro tutti per i loro reciproci personali interessi:

Se almeno non facessero sempre la stessa parte di sinistresi impegnati e ridanciani!

Se almeno la piantassero di dire sempre le stesse stupidaggini con il solito sorrisetto da intellettuale progressista un tanto al chilo!

Se almeno interrompessero la sagra dei luoghi comuni
per attaccare, mordere, linciare amici e nemici e
gli amici dei nemici!
Se almeno interrompessero la sagra delle banalità e
delle scorpacciate di pilatesco buonismo alimentate da certe
sinistre ideologie che svuotano il guscio della democrazia
per mezzo dei loro corrosivi acidi populistici pur sapendo che così
determinano la definitiva caduta verticale della politica!

Certo se questi trafficanti (o delfini che dir si voglia) del potere facessero tutto questo e abbandonassero la cattiva abitudine *"di essere cricca"* la società civile ne guadagnerebbe e potrebbe essere ancora in prima linea nella storia dell'arte e del costume, della scienza e della filosofia e soprattutto potrebbe essere *"se stessa"*.

E non doversi più offrire come un San Sebastiano alle frecce della "cattiveria", dell'egoismo e delle ruberie: deriva pericolosa perché il popolo sa elaborarle trasformarle e rilanciare poi contro la retorica del potere, dei suoi eccessi e della sua tendenza o tentazioni a creare conflitti invece di coesione. E allora saranno tempi tristi anche per loro "Nei tempi antichi, barbari e feroci i ladri si appendevano alle croci Ma nei tempi presenti più leggiadri, si appendono le croci in petto ai ladri "[1]

" *Ah porci !" sentenziò Perpetua.* [2]
"*Ah baroni* " *sentenziò Don Abbondio.* [2]

Ma cosa dicono oggi i cittadini? Questi non più cittadini ma tele cittadini ingannati dalla finanza virtuale e dai falsi bilanci, dalle analisi truccate e dai consigli illusori dei cosiddetti esperti, abituati agli

(1) attribuito a G. Mazzini.
(2) da "I promessi sposi" di A. Manzoni.

scandali in abbonamento, sopravvissuti, rassegnati e impotenti di fronte alla giustizia ingiusta e all'asse del male mafia-politica continuano a ripetere insieme con Perpetua e Don Abbondio "Ah porci"-"Ah baroni" Epoca difficile e violenta quella dei Bravi di Don Rodrigo. Epoca difficile e violenta quella dei Bravi dei nostri giorni siano essi borsaioli o trafficanti della borsa, della politica o della finanza. E i cittadini come reagiscono e cosa ne pensano? solo qualche lamento Manzoniano e qualche vellutata contestazione. "Io non ho timore di confessare l'utopia, la più grande e pericolosa, che tutti gli uomini, come è scritto sulla costituzione, avranno un giorno su questa terra pari e piena dignità sociale e saranno considerati fini e non strumenti del potere altrui." [3]

Sdoganamento ipocrita del "politicamente corretto" fautore di ogni commistione dal politichese astruso e incomprensibile alla politica – politicante:la politica dei politici di professione e dei girotondi. È un dato negativo ? Certo. Lo è. Come è possibile ai nostri giorni non rimanere perplessi di fronte al bambinismo di girotondi che spadroneggia e ricatta? Che razza di democrazia è mai questa? Che non sia tutto un imbroglio ? Forse. Anzi è proprio così. Tutto un imbroglio.

di amore e di odio, di intuizione e di percezioni, di psicologia e di filosofia.

Storia e filosofia della vita. Polifonia, sovrapposizione semantica, eclettismo espressivo colmo di nostalgia con il desiderio di una vita serena. Ma è proprio così? Forse. Ma perché no ? Del resto ognuno può prendere su di sé e da sé il fardello oltraggioso della politica "mafiosa" e quindi decidere della propria vita morale, intellettuale e civile assumendosi nel contempo la responsabilità di aver realizzato così facendo un insoddisfatto proprio sé stesso Però c'è ancora, per fortuna, chi ha la consapevolezza, la coscienza, la capacità di riflettere

(3) da "Scritti sul Cristianesimo" di Lelio Basso - politico (1903-1978)

su tale comportamento vergognosamente inerte e passivo e può evitare il rischio di perdersi nei mille vicoli e vicoletti del dubbio e dell'infingardaggine e arrivare sulla via maestra avendo intrapreso opportune e concrete iniziative e proferire certezze morali, stille preziose che alimentano la mente e nutrono lo spirito. Viaggio nel tempo e nello spazio dove il palpito della conoscenza freme e vive in attesa del tempo della resa dei conti della vendetta.

"cortigiani vil razza dannata per qual prezzo vendeste il mio bene?"[4]

Nessuna risposta. Silenzio. Omertà. E allora benvenuta vendetta!

"Si, vendetta, tremenda vendetta"[4]

La reclama il popolo smarrito, offeso, venduto, privato dei suoi beni e dei suoi diritti, umiliato e deriso.

O mio Dio che aria sulfurea si respira oggi! E che inquietudine! Che turbamento e quanto sconcerto. Si sta forse avvicinando il tempo di dar vita alle barricate e appiccare il fuoco all'intera società del magna-magna e del dominio anzi del predominio dell'economia del consumo senza etica e della mercificazione degli ideali e dei valori politici e culturali cause del boom del debito pubblico e delle corruzioni?

Povera società civile lacerata dalla prevalenza degli interessi particolari sui bisogni essenziali del globale benessere del popolo! Povera società civile preda della burocrazia delle amministrazioni Istituzionali sempre più esose e ferruginose. Povera società civile in cui l'inetta e corrottissima classe politica svaluta il valore del lavoro, premia l'avidità finanziaria abbandona alla precarietà le nuove generazioni e non si fa scrupoli di rotolare anzi ruzzolare nell'oscenità del "pizzo di Stato"!

Senza ritegno. Ma allora tutto è perduto? Forse che è perduta la

(4) *"Rigoletto" opera lirica di G. Verdi*

32

voglia di sognare, il desiderio di rivalsa e la speranza di una via d'uscita dalla disperazione? Forse. Almeno fino a quando la sinistra vulgata populista e chiassosamente televisiva continua a suonare a vuoto il piffero, bontà sua, per chiamare il popolo alla rivolta e alle barricate per passare dalla inciviltà dei consumi alla realtà della povertà e alla ridistribuzione della ricchezza in maniera equa. È questa la democrazia? Credo proprio di no. Cosa sta succedendo?

Perché tanti, troppi ladri nelle istituzioni? Intanto sale la rabbia, la frustrazione, l'impotenza e soprattutto la sensazione di non poter fare nulla contro le ingiustizie e le ruberie di stato che come un mare infestato da insaziabili, aggressivi e voraci piranha divora le ricchezze del paese, affama il popolo, distrugge le imprese sommergendole di mille balzelli. Una vera e propria maledizione. Povera città mia! Destino doloroso. Vertigine emotiva che si crea tra il fasto da regina e il silenzio di un presente che distende oscurità. Non più donna di province ma serva di quel gran bordello che si chiama Europa che "gioca" con la vita dei suoi stessi cittadini.

> *Io lo chiedo al cielo*
> *e al mondo: dite dite;*
> *chi la ridusse a tale?* (5)

Un tempo si diceva lo sa Iddio. Oggi lo sanno tutti le nuove generazioni senza futuro alcuno e il popolo tutto offeso e ingannato. Lo sa tutta la città "ancella" povera ma onesta e sfuggente come la sibilla cumana, ma in grado di presentarsi ancora con il suo volto pulito, dolce e aspro tra terra e mare e campi bruciati dal sole e dalle solfatare, a chi la ama e anche a chi la detesta e si apre come un grembo antico e familiare da cui si dipartono le trame e l'ordito della sua cultura e della sua umanità della sua tolleranza e della sua rassegnazione Si! Ancora oggi tempo da cannibali. Impasto feroce di sfrontatezza e di impunità, di attesa e di rabbia, di decadenza e di Rinascita. Che confusione! Quante contraddizioni!

(5) Leopardi - All'Italia

Ma come è possibile tutto ciò? È forse un paradosso? O è forse un miracolo al contrario? Io non lo so. Intanto la confusione aumenta. Si intravedono bagliori di fuoco. Sento odore di bruciato. Che sta succedendo?

È la piazza che sta "incendiandosi". E si sentono dei lamenti. È il dolore provocato dalle ferite e dalle ustioni ma bisogna resistere. E le sofferenze prima o poi finiranno. Ma come ? Ecco finalmente è l'inizio della rivolta. Eroico parafulmine contro il malaffare e nume tutelare contro le ingiustizie e le ruberie della *"cricca"* che infesta il Paese lo ferisce e lo devasta con il pizzo di Stato le bollette le tangenti e le imposte: consumismo e globalizzazione. Ora è tempo per una rivoluzione.

Napoli - Piazza Plebiscito

Capitolo settimo

I CITTADINI E LE TASSE

Com'è penosa la relazione che la Gente intrattiene con le difficoltà economiche della vita quotidiana e come diventa sempre più drammatica di fronte a quell'accadimento giornaliero mensile annuale che è diventato il versamento di imposte e pizzo che chiamano tasse!

È una vera e propria rapina a danno della gente.

È vessatoria, estorsiva e ingiusta.

Ingiustificabile da parte di tutti lavoratori, pensionati, precari e disoccupati nonostante resista ancora un sentimento della legalità pubblica. Industriali, imprenditori e "partite IVA" a decine si impiccano. Suicidio di massa per la "sopravvivenza". La mafia per la sua attività criminosa utilizza la forza persuasiva della lupara. Lo Stato utilizza la forza persuasiva del suo potere legislativo e giuridico. Nessuna differenza fra le due. Ma dove finiscono i miliardi di euro che vengono estorti ai cittadini? "Sperperati". Visto che non sono impiegati per il bene pubblico: i servizi sono ridotti al minimo o aboliti del tutto, le strade sono dissestate, il verde pubblico inesistente, le scuole fatiscenti, la sanità in sofferenza e le forze dell'ordine ridotte a passacarte per mancata capacità investigativa, preventiva e repressiva dei fatti criminosi così come si vuole dalla classe politica insieme con la irresponsabile attività giudiziaria. E come si giustifica il vertiginoso aumento del debito pubblico pur essendo le entrate superiori rispetto alle uscite? È forse valida la giustificazione secondo cui la spiegazione va ricercata nelle convinzioni arbitrarie della democrazia che purtroppo confonde la valle con i monti, i vizi con le virtù, la depravazione mentale con i falsi opportunismi e le false priorità, necessità pubbliche? Forse, anzi sicuramente. E i cittadini? Ormai non sono più tali. Sono sudditi.

Quanta doppiezza dietro il volto della politica praticata dalla cricca dei tanti sinistri governi che si alternano ognuno con le proprie personalizzate regole e le logiche formali che fanno apparire l'attività parlamentare come democratica mascherandone sapientemente la sua funzione unica di incubatrice dei disastri e delle degenerazioni personalistiche, della prevalenza degli interessi privati dei singoli rispetto ai grandi bisogni della comunità e del predominio di un consumo senza etica per una economia nella quale il danaro tende a riciclare se stesso senza avere alcuna attenzione ai risvolti di carattere sociale.

Mercificazione di ideali e di valori politici e culturali. E senza dignità e senza responsabilità alcuna si creano a tutto spiano tante serie di corti circuiti legati a doppio filo al sistema che è sinonimo di corruzione in tutte le sue manifestazioni istituzionali, ed ai mali peggiori ad essi legati, dall'avidità alla infinita sciagura del potere della "finanza": strumento attraverso il quale si costruiscono poi altri gruppi di potere che determinano una vorace politica fiscale che controlla la distribuzione del lavoro e gli indirizzi delle imprese. Quanta voracità!

E che accanimento nel tartassare la popolazione! Ogni giorno se ne inventano una nuova per estorcere denaro. Proprio ieri è stato "multato" e condannato un commerciante a pagare una "tassa" per una presunta occupazione abusiva di suolo pubblico in quanto secondo gli integerrimi funzionari comunali aveva messo una ciotola con dell'acqua sul marciapiede fuori dal suo negozio per dissetare i cani randagi. Forse questo commerciante non sapeva che "è vietato dar da bere agli assetati"? Chissà cosa ne pensa la "Protezione animale". Ecco un tipico esempio di crudeltà mentale, meschinità d'animo, oltre che comportamento tipico di attività mafiosa e terrorista. O forse che questo commerciante si era rifiutato di pagare il pizzo agli "integerrimi" funzionari? o avevano costoro disposizioni di inventarsi qualsiasi scusa e tassare per fare cassa comunque e senza alcuni giustificati motivi? Io non lo so. So però che è una storia assurda e emblematica che mette a rischio lo stesso avvenire della democrazia e nello stesso tempo mette a repentaglio anche le libertà civili.

Che brutta storia!

Ma quante ancora se ne potrebbero raccontare! Storie che si ripetono ovunque e con sempre maggiore frequenza. È il dono che ci offre la "democrazia". Quanto ci costa! E quanto ci costano quelli che la rappresentano nelle istituzioni! Tanto. Senza contare quello che sottraggono alla collettività con le ruberie varie: estorsioni, tangenti, e brogli di ogni genere che chiamano tasse. A volte si viene a sapere dai giornali che tanti "illustri" rappresentanti del popolo vengono associati alle patrie galere perché sorpresi con le mani nel sacco. Naturalmente solo per qualche giorno. Poi continuano la loro vita agli arresti domiciliari e infine si riciclano Poveretti! "hanno rubato per la famiglia". Nella mia città che è tollerante si dice: "tutti quanti debbono campare". Ma questi illustri cittadini rappresentanti del popolo nelle istituzioni dello Stato campano e scialacquano a spese dei contribuenti. Senza ritegno e senza responsabilità alcuna per i danni che arrecano allo Stato e alla gente.

Ma a proposito di tasse mi viene alla mente una storia di ordinaria follia di un esattore che operava nella sua cittadina con popolazione prevalentemente ebraica. Si racconta che questo esattore quando fu nominato direttore dell'ufficio delle imposte e come "primo incarico" che si attribuì fu quello di ispezionare personalmente le aziende e gli enti della cittadina. Fu così che "fece visita" agli uffici della locale comunità ebraica. Venne ricevuto dal rabbino il quale, persona a modo e onesta, fu ben felice di incontrarlo e di mostrargli le scritture contabili della comunità ben sapendo che erano in regola. Ma il solerte e integerrimo direttore delle imposte non era dello stesso parere. Infatti pur avendo riscontrato la formale esattezza dei registri catastali sospettò che oltre alle scritture catastali il rabbino avesse una contabilità parallela per così dire in nero. E così chiese spiegazioni dell'uso che se ne faceva di tutti gli avanzi delle candele che bruciano della sinagoga perché secondo lui verrebbero commercializzati creando in tal modo un traffico di borsa nera con consequenziale evasione fiscale. Il buon rabbino che evidentemente era un vero santo per la pazienza che dimostrava anche in occasione di questa volgare provocazione mostrò un piccolo registro su cui aveva annotato ogni cosa e dimostrò che gli avanzi delle candele in questione venivano pesati e inscatolati per essere inviati al fabbricante di candele il quale poi ogni anno in cambio donava alla sinagoga alcune confezioni di candele gratuitamente. Tutto qui. Nessuna frode quindi nei riguardi dell'erario.

Le scritture esatte sia nella forma che nel contenuto non convincevano ancora questo ispettore che, forse troppo solerte e preciso o forse antisemita, non mollava e incalzava il rabbino: "voi ebrei alle vostre festività avete l'abitudine di mangiare tanti dolci. Ebbene che ne fate di tutti gli avanzi? Forse che per arrotondare le entrate fate traffici clandestini di dolciumi e ed altri generi alimentari?" "ma no caro ispettore delle tasse non è così!" Precisò il rabbino "gli avanzi del pane e dei dolci li conserviamo, inscatoliamo, pesiamo e poi inviamo al nostro fabbricante di pane e dolci il quale poi ogni anno ci invia qualche dolce fresco realizzato secondo le regole della nostra religione. Ecco i nostri registri dove è tutto descritto". L'accanito ispettore quasi esasperato dalle scritture contabili maledettamente esatte e corrette sotto ogni punto di vista non sa più cosa inventare per incastrare il buono, onesto e paziente rabbino. Alla fine pensa e ripensa ed eccolo con un idea geniale che secondo lui avrebbe messo il rabbino alle strette e che avrebbe confessato di essere un evasore fiscale. Con voce beffarda e un tono da sfida assoluta e il dito puntato esclamò: "gli ebrei come tutti sanno sono molto prolifici e quindi, statistiche alla mano, risulta che in questa sola cittadina si celebrano almeno un migliaio di circoncisioni ogni anno. Ebbene che cosa ne fate dei prepuzi tagliati ai neonati? Certamente avete instaurato un redditizio traffico illecito di reperti biologici con laboratori di ricerca.

E non risulta che abbiate mai pagato tasse per questa attività"

Era una provocazione? o era forse l'esercizio di un comportamento professionale che sapeva tanto di crudeltà mentale? O era il ruzzolare dell'anima nella valle oscura della notte dello spirito umano? Possibile che quest'uomo aveva perso completamente i sentimenti di comprensione, di carità, di umanità e i lumi della ragione e non riusciva a trovare il sentiero nella verità del buon senso? Misteri della mente. Anomalia dell'anima umana. Il buon rabbino timorato di Dio e osservante delle leggi era disperato. Pensava che tutto ormai andava verso un precipizio. E invece no: Quell'ispettore si comportava in quel modo come smarrito in una valle in una notte buia dove non c'era neppure la luce della luna e le stelle erano tutte quante spente e sembrava impossibile che potesse trovare il sentiero della ragione. Ormai era fuori di sé. Questi dovevano essere i pensieri che si aggrovigliavano nella mente del rabbino quando una luce gli illuminò la mente e gli fece superare quel momento di smarrimento e disperazione provocata da tante crudeltà e da tante incredibili provocazioni. Con fede e coraggio si aggrappò alla fune della speranza e del perdono. Recuperò la provvidenziale pazienza e poi apparentemente senza scomporsi replicò: "caro signor ispettore delle Tasse lei è troppo sospettoso. Ma senza ragione alcuna. Deve sapere che infatti i pezzettini di pelle, quei prepuzi che tanto la intrigano vengono conservati in appositi contenitori e all'occorrenza, cioè quando questi contenitori sono pieni vengono inviati regolarmente all'ufficio delle tasse che generosamente, molto generosamente ogni anno ci manda una testa di... come lei." Che lezione! Eh!

L'ispettore capì e ammutolì. Il rabbino ebbe un fremito di gioia ma fu solo un attimo. Quella storia si era conclusa in maniera insperata.

L'ispettore andò via forse pensando che era inciampato in uno scalino sconnesso della sua anima perversa ed aveva perso l'equilibrio della ragione e della moralità. E così aveva goduto nell'abusare del suo ruolo per offendere, umiliare e calpestare l'anima, l'intelligenza e lo spirito di sopportazione di un comune essere umano. Questa storia purtroppo si ripete continuamente. Ormai tutti i giorni e non sempre con un buon fine. Quanti ispettori delle tasse davanti alle disgrazie e alle tragedie che tormentano la gente restano insensibili e proseguono imperterriti nella loro attività estorsiva, malvagia e mafiosa.

È la lotta continua che l'umanità affronta col bene e col male della vita: le due "facce della stessa medaglia" "la nostra disputa con Dio" riprese il diavolo sistemandosi più comodamente "non è cambiata nel corso dei secoli". Mentre Dio afferma che l'uomo è creato a sua immagine e somiglianza, io di contro affermo che invece è mia immagine e somiglianza. [1]

Quante persone oneste hanno fatto ricorso al suicidio come unica difesa contro la mafiosità dello Stato che, con la sua richiesta di assurdi, inventati e ingiustificati tributi se non per soddisfare la famelica sete di denaro dei suoi rappresentanti nelle varie istituzioni, ha ridotto sul lastrico. Un piccolo panettiere della mia città è stato suicidato per pochi spiccioli di tasse pagate in ritardo. Leggi ad hoc per giustificare i "pizzi di Stato": le tangenti a favore della classe politica corrotta inetta e ladrona. Ma "democratica". Così si dice. Tanto democratica da mettere in fuga i giovani ormai costretti ad emigrare in altri Stati per assicurarsi un futuro lavorativo degno di questo nome mentre le imprese e sono ormai tante, terrorizzate dai governi sanguisughe anch'esse sono costrette a trasferire all'estero le loro attività industriali per non essere letteralmente divorate dalle tasse.

Temi scottanti che la cronaca e l'attualità propone mentre i misfatti si incrementano sempre più buttandoci addosso interrogativi e bisogni laceranti che inquietano ogni cuore e ogni intelligenza. Ma non bisogna disperare. Già durante l'età dell'oro della civiltà romana la mitologia ci ricorda come Astrea, figlia di Zeus diffondeva fra gli uomini i sentimenti di giustizia e di virtù e mentre i mortali degeneravano con i loro misfatti e la malvagità e si impadronivano del mondo. Astrea fuggì e salì in cielo diventando la costellazione della vergine. Come Astrea personificazione della giustizia che risalì in

(1) Zinaida Hippius -1969/1945- in Ivan Ivanovic e il diavolo

cielo per non vivere e subire la degenerazione e la malvagità degli uomini così tanti imprenditori per lo stesso motivo sono saliti in cielo. Ma impiccandosi. Ma arriverà un giorno che tanti scalini sconnessi dell'anima della "cricca" verranno rimossi e allora... E allora i tartassati, gli oppressi, i deboli e gli indifesi non dovranno più ricorrere alla protezione di nuovi "Beati Paoli"[2] per ottenere giustizia. Certo è una lotta manichea. Ma è anche una speranza di vivere in pace nella serenità della famiglia senza subire più vessazioni e di aspirare ad un sereno futuro per i propri figli e per tutta la comunità. È indizio della coscienza esistente in quello che sarà il futuro prossimo venturo.

Ma è anche la convinzione che si sta avvicinando il tempo della liberazione. Il tempo nuovo del rinnovamento. Sta scritto: [3]

"Dixit sedebat in throno: *ecce nova facio omnia*"
Colui che sedeva sul trono disse: *ecco io faccio nuove tutte le cose*
e ancora:
"Io non sono venuto a portare la pace
sono venuto a portare la spada" [4]

E finalmente i cittadini tutti in quanto eredi di ciò che è trascorso vedendo oltre il proprio stesso tempo possano dare vita alla rinascita di quelle civiltà, dove l'individuo, il diritto, la civiltà, la coscienza, la libertà, la "democrazia", la bellezza, la misura e l'armonia potranno essere patrimonio di tutti. È una speranza, ma vale la pena riflettere sulla sequenza di questi concetti perché su di essi è fondata la nostra identità e la nostra civiltà che ha ancora il sapore di una romanità nutrita di ellenismo felicemente illuminata dalla luce della rivoluzione cristiana. Non sono concetti ideologici validi per spiegare fatti sociali ma validi perché riflettono sentimenti e pensieri che si rinnovano di generazione in generazione come le foglie degli alberi che ogni anno

(2) "I beati Paoli"- edizione critica a cura di U. Eco – Flaccovio ed. Palermo 1971.
(3) Apocalisse – 21,
(4) Matteo 10,34

Napoli - Castel dell'Ovo

muoiono e ogni anno ricrescono sempre dallo stesso tronco da cui prendono la loro linfa.

È l'identità di quel popolo: tronco antico ben solido radicato nel passato e pronto a farsi moderno con foglie sempre nuove, cioè con sentimenti e valori da coltivare e nutrire con amore e convinzione per essere artefice di una civiltà non più consumistica ma grande come quella classica per la concezione della vita intellettuale e morale e moderna insieme con il suo inserimento nel progresso tecnico e intellettuale.

Per il bene di tutti uomini e donne, forti e deboli, tutti bisognosi di amore non di compassione. Metamorfosi sentimentale della civiltà contemporanea che ha ereditato la poetica degli affetti da quelli passati per diventare ricchezza spirituale e profondo moto dell'animo e magma denso di emozioni mai turbato, fino ad oggi dalla condivisione o meno della vita fastosa di alcuni e del silenzio in cui il buio del futuro si distende furtivo dietro i tendaggi della crisi economica e spirituale dei nostri giorni e soprattutto dallo smarrimento dell'identità storica e culturale.

Capitolo ottavo

LA FELICITÀ

*Felicità come soddisfazione
indipendente dal rapporto con le
cose del mondo: attività dell'anima
per quello che è per natura*

Gli antichi greci si dedicarono più di qualsiasi altro popolo alla ricerca della felicità. Nel quarto secolo a.c. Aristotele scrisse *"possiamo definire la felicità come la prosperità unità alla virtù o come una vita indipendente; o come il sicuro godimento del massimo piacere; o come una buona condizione di beni e del corpo unita al potere di difendere i propri beni e il proprio corpo e di farne uso"*.

E da sempre ogni essere umano pur nella sua propria unicità e singolarità colloca i propri bisogni su questa scala gerarchica di opinioni aggiungendovi i bisogni di appartenenza sociale come l'affetto familiare, i rapporti sociali come l'amicizia l'autorealizzazione, la spontaneità, la creatività e la sicurezza per costruire il proprio futuro su basi di stabilità economica, politica e affettiva. Purtroppo oggi, come si è visto, siamo ben lontani da questa idilliaca condizione di vita e assistiamo sgomenti all'azzeramento delle tradizioni e alle derive populiste e antipartitiche pur non rassegnandoci ad un irreversibile declino visto che la ripresa, se ci sarà, seguirà diagrammi oscillanti e discontinui con il rischio di una limitazione della libertà che già si comincia a trascinarla in severe autocritiche per condurla quindi al declino e all'eclissi. Speriamo bene! Speriamo che nell'urgenza di cambiare le regole della politica la libertà conserverà le forme, le ragioni, tutti i suoi ritmi e quella sua irriducibile autonomia che quale valore astratto è unica e universale nei suoi sempre concreti mutamenti che di volta in volta assume nei diversi periodi storici. Specchio fedele della realtà e della storia quando essa viene vissuta o rivissuta interiormente attraverso la responsabilità, la sensibilità, la fantasia e l'esperienza della gente. Vivere concretamente ma con le emozioni che rendono la vita di ciascuno degna di essere vissuta: volare liberi nel cielo come aquila sospesa in volo e sognare e sentirsi felici e donarsi all'amore. Oh! Questi pensieri mi hanno sorpreso come un senso di nostalgia. Ho il piano della mia scrivania carico di libri. Leggo molto Ma alterno la lettura seguendo lo strascico di questi pensieri e delle emozioni che suscitano. Ma come è difficile lenire il senso acuto della nostalgia, della giovinezza e della speranza!

Come è difficile zittire le chiacchiere i clamori e le stupidaggini che vengono propinate quotidianamente da parte di quanti credono di parlare e di pensare al posto degli altri e di poter entrare nella tua casa attraverso i media e penetrare nell'anima della gente e condizionarne il pensiero! E intanto tocca vivere in un sistema che è un inestricabile sconcertante disordine. Che nostalgia del mitico labirinto che ha un proprio ordine e una propria forma! Il disordine che è infelicità anche nella nostra società malata dovrebbe avere un suo volto di umanità per ritrovare i giorni di un rinnovamento spirituale e neutralizzare i semi oscuri della disperazione. Intanto assistiamo impotenti all'esasperazione di una gioventù travagliata ed in preda alle più folli speranze come alle più demoniache disperazioni. Questi pensieri sono ormai i miei pensieri di ogni giorno, l'avvenire dei figli di tutti, l'esistenza del male, il senso della morte e del suo stesso destino che agitano il mio spirito e turbano la mia mente.

Vedo purtroppo che tanta gente comune come me si agita per le strade a causa di questa brutale società in cui l'unico valore riconosciuto è il profitto. Quanta sofferenza! Ma finirà a tempo e luogo come un frutto che quando è maturo cade. Ciò significa che ogni cosa, ogni persona ha il tempo che le è destinato in cui compiersi e realizzarsi portando a termine la propria missione e che per quanto riguarda le persone è un dovere verso se stessi e capire, se e quanto è possibile, il senso della vita. Sarà questa "l'occasione della vita" che è invito ad imparare da noi stessi quanto invece generalmente viene imparato dagli altri. Non segmentazione del passato altro in unità minime decontestualizzate da rimontare e riutilizzare per innestarlo nel nostro apprendimento ma occasione per conoscere meglio se stessi e i propri bisogni reali. È un dato di fatto quello che emerge e cioè quella costellazione di uomini e donne il cui mosaico è il ritratto della identità complessa e radiante della gente della mia città di quella nuova città che gli antichi greci chiamarono Neapolis. Oggi è un a città antica ma sempre nuova per la straordinaria continuità storica della qualità e della raffinatezza del vivere quotidiano che sembra ricalcare i nomi, le vicende e l'ethos di Nausica, di Polifemo e di Ulisse.

Città dell'anima, del sentire e del pensiero.

Città laboratorio in cui si vive e si elabora tutto e il contrario di tutto dalla filosofia alla vita oziosa, al gioco, alle cacce amorose. Nella straordinaria continuità storica del prestigio e della qualità della vita. Ora, a seconda di come ognuno le vorrà considerare, queste riflessioni sono a mio parere un' occasione utile per valutare nell'insieme il senso della vita, della morte e delle paure che i cittadini provano e vivono, hanno vissuto o hanno provato sia nel tempo presente che in quello passato e diventano consequenzialmente occasione illuminante per comprendere poi nello specifico i comportamenti dei singoli nel contesto della vita sociale: universi mentali e immaginifici che muovono tutto il *"sistema vita"* della città in quel suo ostinato irreversibile ancestrale collegamento alla ellenicità di cui l'io fatto di aspettative e rinunce è sempre vivo e sentito. C'è un motto delfico *"conosci te stesso"* che si trova scritto innumerevoli volte in innumerevoli luoghi: dalla città indo-greca di Ai Khanoun in Afghanistan al monastero benedettino di Corvey in Germania.

Intreccio mitico riscontrabile non solo nella vita spirituale della gente ma anche nella vita civile: che ora è bolla di retorica. La retorica della competitività.

Ma contro questa sciagura la gente si oppone. E allora nessuna adesione né retorica né pratica, nessun accademismo, nessuno statuto, nessuna cadenza di sedute ma apertura ad una vita da vivere come espressione assoluta di naturale libertà e coscienza di sé per "scorgere" la verità anche nelle più semplici e modeste manifestazioni della quotidianità e ripercorrere la spola vitale fra identità e alterità. Unità di misura e termini di riferimento, di valori, di forme e di modi di essere, di allegrezze e orrori che sembrano spesso andare a braccetto. Una società felice? Chissà! "Italianische Reise" è l'opera di Goethe che trabocca di sensuale sentimento e godimento provato e sentito profondamente dal poeta nella grecità e nella felice società napoletana, rapito dall'incanto e dal canto delle sirene: *"Napoli è un paradiso dove ognuno vive in una specie di ebbro oblio di se stesso. E questo accade anche a me; ieri dissi a me stesso: o tu sei sempre stato pazzo o lo sei adesso. Se non fossi sospinto dal mio spirito germanico e non desiderassi imparare e fare piuttosto che godere resterei un po' più a lungo in questa scuola di vita spensierata e felice, e cercherei di trarne profitto ancora un po'"*

Ecco lo sprazzo rivelatore di un grande poeta nordico che ha capito, ammirato e invidiato il diverso modo di vivere dei napoletani rispetto a quello del Suo paese che assegna un alto valore alle conquiste materiali e agli stati mentali che lo accompagnano

E forse questo spiega anche perché i napoletani stimano i tedeschi ma non li amano e viceversa: sintomi di una modernità influenzata dai grandi modelli classici e di una coscienza acuta della complessità del reale e dello spirito di sottigliezza dell'anima della gente del popolo che discende dai testi della sapienza antica: luogo dell'incontro e dello scambio, della curiosità e del piacere della mente e chiave d'accesso a momenti indimenticabili di incontro e condivisione di idee e di emozioni.

Capitolo nono

TRA SACRO E PROFANO

Lode cosmica del creato
al suo Creatore che come
uno specchio riflette la
scintilla del divino di ogni anima
e a sua volta specchio
riflettente del mondo intero.

La realtà dell'umana vita in generale è complessa e tortuosa all'infinito. E può capitare, come capita, che nel particolare anche la vita della gente comune, circondata com'è dai tranelli e dalle furbate dei detentori del potere, diventi anch'essa complessa e tortuosa e che per sopravvivere è costretta ad apparentarsi, suo malgrado, con l'ubiquità delle truffaldine vie curve della complessa e tortuosa realtà dell'umana vita che oggi più che mai è l'esatto contrario di un'auspicata realtà in senso rettilineo e ne riflette fedelmente, solo con qualche calcolata ipocrisia, la composizione, il dinamismo, le tare e il rapporto che ha con il sociale: aporia della cosiddetta democrazia e del liberismo, dell'economia e della finanza che per la sua truffaldina sopravvivenza costruisce ad arte con l'illecito contributo dei falsi storici, dei gazzettieri di turno e degli editorialisti, tutti iscritti nei "libri paga" del malaffare, un assordante silenzio, una irresponsabile discriminazione e tanta ignoranza condita dalla pseudo-critica ideologica, al fine di confondere le idee in modo che nessuno riesca a capirci alcunché e possa prenderne eventuali iniziative progressiste contro il proliferare della paura, della falsa scienza, del vuoto sillogismo della finta umiltà e delle vere rapine perpetrato dallo Stato con gli illeciti balzelli.

Tutto questo nella generalità dei fatti e dei luoghi. Per quanto riguarda la mia città, la città dell'anima, voglio dire con forza che la sua gente per intelligenza, sensibilità e umanità, non solo è capace di rendersi conto delle arbitrarie e nefaste complicazioni dei negoziati dei tempi e dei modi della "cricca" di intrecciare i suoi propri interessi con quelli della comunità del popolo, ma è capace anche di contrastarli con il suo potere antidoto: la propria naturale antica saggezza che unita alla volontà evita sempre collisioni letali. E reagisce all'affronto con ironia, come se fosse un' aporia, cioè attività logica di fronte a due argomenti apposti ma possibili, immaginandovi che il senso della vita possa così assumere di volta in volta valore e dimensione di gioco o di messa in scena a teatro di rappresentazione di una tragica realtà inconcepibile per l'umana ragione ma comprensibile per la sensibilità della coscienza di ciascuno: consapevolezza dei basilari interessi e delle esigenze comuni.

Con aspirazione alla libertà. Luogo di tutte le mitologie, le costumanze, le ritualità e i tabù. Specchio in cui ciascuno controlla il proprio comportamento nel corso degli eventi della vita e indipendentemente dai diversi livelli di ricchezza e di cultura di ognuno. Per mirar ed essere ammirati. Certo è, come si vede, difficile distinguere le furbate da ciò che di buono è stato tramandato da secoli. È facile invece confondere la realtà con le apparenze delle falsificazioni e delle variopinte fantasie di oggi. E allora? È solo un gioco di apparenze e di finzioni? Forse. Ma non sempre.

Perché all' occorrenza, e per fortuna, spuntano eroici furori certamente senza regole ma anche senza interessati illeciti compromessi. Forse con desideri contraddittori ma sempre mossi da sana passione e dalla ricerca del senso più profondo del significato della vita in evoluzione e rivoluzione. Per meglio capirlo per poi raccontarlo attraverso la sensibilità particolare, i gesti, gli sguardi, le parole e soprattutto le sfumature dell'antico pensiero.

Quello che fu dell'ellenismo e della romanità: l'attitudine speciale quanto universalistica dell'amore per la vita semplice per il fascino del cielo stellato, del mare, della luce solare, per l'amore della libertà, per l'amore della conoscenza, della verità, della tolleranza, e dell'onestà intellettuale oltre gli strapoteri degli stereotipi schemi della socialità di facciata; oltre le parole dette o taciute. Oltre il costume sempre più permissivo: balletto di marionette alla buona e poi le capacità di esprimere e di nutrire sentimenti che man mano l' antinomia cioè il contrasto o meglio il rapporto di contraddizione reale o apparente rilevabile tra questioni elaborate dal pensiero o dalla ragione, e il suo più profondo disvelamento non più come una visione ma come una immersione nell' Io profondo per il recupero di una condizione nuova ed essenziale, forse primordiale.

Umanità minuta, sospettosa e dubbiosa ma ricchissima in sé ancorchè un bilico di un equilibrio imperfetto tra autenticità, sincerità e verità, mitezza e determinazione. Oh. Nobile città! Mai imbrigliata in fatti che sono misfatti e mai stata di fede umbertina. Giammai seguace di mezze calzette filo-governative forse della piccola nobiltà imborghesita.

Lezione di stile. E di vita.
Ostinata naturale spontanea allegria.
Orgoglio delle scelte che fanno sì che il mondo le giri intorno.

Capacità di isolare la realtà sentimentale e di ridurla al puro disegno dei moti dell'anima e così scongiurare nevrosi e schizofreniche azioni. Grande teatro di fasti e di fede con un proscenio naturale che parte dalle nuvole e arriva all'infinito e fa lievitare l'essere umano in un misto di esaltazione e di sgomento, di felicità e di terrore. Napoli è città unica senza sbarre né ideologiche né politiche. Le sbarre sono state miracolosamente infrante mentre la ragione prolifera altrove con il suo specializzato democratico sciocchezzaio. Qui prolifera il sentimento che è coscienza della finitezza dell'essere umano. Con un principio e una fine: mistero della morte e della vita e capacità di cogliere i mutamenti naturali e universali che lo scorrere del tempo produce nel corso della vita: nascere, invecchiare, morire.

Ma anche e soprattutto amar, odiare, soffrire, gioire, perdere, vincere. E soddisfare quindi sentimenti e desideri palesi e non. E rispettare la propria identità anche se labile e in perenne metamorfosi. E poi scendere nelle tenebre della psiche e della stessa esistenza per indagare sul significato profondo del proliferante caos dell'inconscio e la metamorfosi sentimentale dell'anima quando si immerge e sommerge la poetica degli affetti e dell'amore e la fa sprofondare in un ristoratore profondo sonno per il riposo dello spirito e la ricarica di energia per la mente.

Ma attenzione! Essa non dorme, riposa e vigila. È come un leone che sembra che dorma ma che pur nella placidità stessa del sonno vigila sui suoi piccoli. E se avverte un improvviso pericolo per sè o per la prole e si desta sarà bene essere in guardia e temerne le furie. Come quando il popolo si destò e si inferocì per ben quattro giornate nel '43 contro lo straniero invasore. La mia città dal cuore pulsante è in continua oscillazione come il pendolo di un orologio che segna il tempo e il suo corso ma che non può fermarsi a causa del perenne rimbalzare del tempo tra la compressione e la metamorfosi dell'Io e della vita stessa nella sua contemporanea confluenza nell'elemento fisico e in quello psichico.

Forse che è questo ciò che induce a pensare che i cittadini si comportano in tale maniera cioè per la presunzione di sentirsi come delle creature diverse da tutte le altre esistenti o forse perché ritengono essere a metà strada tra gli angeli e gli uomini? Cioè dei semi-dei?

No! non è cosi.

Napoli non è la città dei semi-dei.

È la città dell'anima e del suo ancestrale misterioso rapporto col divino nella complessa trama di misticismo e di paganesimo, di sacro e di profano, di romanità e di ellenismo. "Stanza del tesoro della giustizia nel suo continuo creare la verità con la scienza del bene e del male" [1]

È la città dalla incredibile capacità di innovare con singolare pe-

---

(1) Ildegarda di Birgen - "Liber divinorum operum" (1163-1173)

rentorietà ed efficaci forme tradizionali di religiosità, di fede e di feticismo in cui è possibile contestualizzare perfino il mistero di quel "mistero" che nasce sacro e diventa profano: il mistero del singolare e inquietante miracolo dello scioglimento del sangue del Santo Patrono della città sempre percorsa da paure e credenze escatologiche oltre che da certezze insieme con dubbi implicati da immaginaria "catastrofe" che in verità poi si risolvono frequentemente in linguaggio teso all'astrazione e sublimato nell'interazione infinita di ingredienti esortativi.

Fatto singolare inquietante dunque ma di portata tale che dà una particolare fisionomia alla devozione del popolo quando esso si raccoglie in preghiera intorno alla reliquia del sangue che rivive sprigionando energie morali di valore universale da un lato e ispirando dall'altro il rispetto sacrosanto, per la vita così come è depositato nell'immaginario collettivo, nella memoria e nella fede.

Certo è che continua a suscitare e a comunicare suggestioni insieme con il sublime e il pittoresco del suo mistero e del suo mito. Esaltazione e devozione di un credo e di una fede. Mistero e mito inquietanti. Proprio così!

Perchè rappresentano in maniera inequivocabile il mistero della morte e della vita che si badi bene, non nacque in una lontana "selva oscura" o nella fantasia di una rozza popolazione primitiva e neppure dalla superstizione che in tanti "casi" offusca il cuore e la mente degli uomini travestendosi impunemente da fede e li inganna. Nacque come si sa e si vede dalla incredibile, incandescente fede dei napoletani che è sincera e autentica e ha in sé una forza particolare e cosmica ad un tempo riuscendo a creare un'eccezione nel nostro mondo di regole dove si dice per esempio che il sangue una volta morto non vivrà mai più. Storia labirintica e babelica fatta di ragionamenti e di sragionamenti in cui domina spesso non solo la curiosità che è fine a se stessa ma anche l'esercizio dell'aristocrazia dell'intelligenza.

Quello che nutre lo spirito e alletta la mente. Forse che è Napoli che fa il "miracolo"? Forse. Certo che questa è una domanda un po' oziosa ma non per questo meno intrigante. È come chiedersi se è stata la città a dare alta nomea a tale avvenimento o è stata questo invece a trasmettere ad essa una gran parte del suo affabulante immaginario. Chi lo sa! Forse è il cuore del popolo generoso che fa vibrare il sangue morto e lo riporta in vita. Anzi è proprio così. Del resto è la stessa vita un mistero e un miracolo insieme e per chi crede e ha fede questo mistero ha il volto del divino nel mondo.

Per chi non crede e non ha fede è la riproposizione del piacere sensuale del tema della metamorfosi e della "scoperta" del passaggio dal solido al liquido e al contrario dal liquido al solido. Il sangue del Santo sanguina periodicamente portando con sè le due parti dell'essere umano nella confluenza dei generi e dell'elemento fisico con quello psichico.

Il Santo Gennaro è uomo e donna ed è maschio e femmina nello stesso tempo. Non è questo un giudizio apofatico né apofantico nel senso che può essere ritenuto né vero né falso.

È una constatazione. E tanto basta! San Gennaro è uomo ma sanguina come una donna. È allora un'ermafrodita? Chissà!

Intanto Napoli che è città labile e traballante assisa come è su una terra dispettosa di vulcani ardenti armati di "potenti bombarde e obici tonanti" diventa una realtà unica al mondo per la sua peculiare perenne trasformazione e metamorfosi che la fa identificare con la realtà ermafrodita del suo Santo protettore e del legame oscuro quanto emblematico tra sangue e magma.

È nel contesto di tale liturgia che prende forma il mito del sangue miracoloso e allude a una sublimazione profana dei deliri della lussuria. Ma lo fa con gioia e con trasposizione in poetica della sensualità e dell' erotismo inconscio delle "parenti" del Santo: devotissime pie donne, senza più mestrui ma che sperano ancora nella possibilità della procreazione per intercessione del Santo patrono.

La partecipazione dell'intero popolo è totale non per trasformare il mondo ma per scoprire quel frastagliato e limaccioso arcipelago sotterraneo che costituisce l'io così estraneo a sé stesso ma che tocca alla fine le corde di un sospiroso crepuscolo che fa scattare la scintilla del sacro e del profano con le sue miserie: carne che brucia disperatamente sontuosa sul rogo dello spirito e delle convulsioni telluriche del suo vulcano.

Sia lodato San Gennaro
Ca de Napule si' guardiano
Col tuo sangue e la tua testa
Liberaci 'a ogni tempesta

Questo modo profondo di sentire la fede traspare in maniera inequivocabile durante l'esposizione della reliquia nel momento della liquefazione del sangue: simbolo delle attese e delle speranze.

E quando la preghiera delle "parenti" che non hanno più mestrui in un fremito lirico e prosaico insieme chiedono al Santo che sanguini ecco che sacro e profano si fondono in una proiezione pagana qual' è l'invocata e desiderata eterna giovinezza che in astratto si immagina di poter realizzare in una impossibile comunione mistica, carnale e sanguigna attraversando il corpo maieutico di un mistero.

Vita pulsante che scorre in tutte le espressioni di vita che il popolo incontra nello scorrere del tempo e annulla con l'amore, le differenze e le distanze che dividono gli uomini: amore circolare che va dal sé all'altro e torna indietro come dono divino per radicarsi nell'inconscio che è riflesso della natura del cosmo.

Ma quanto dolore occorre sopportare!
Quanta cattiveria occorre subire!
Quanto dolore sprecato!
Quante speranze e quante illusioni!
Quante ingiustizie!

Ma ciò nonostante continua il sogno di un paradiso in cui gli uomini non sono più divisi ma uniti da una goccia di sangue e vede in essa tutto l'amore del mondo e di Dio.

E il popolo vi si proietta con sicura fede in un estasi d'amore, di eternità e di saggezza e dell'esperienza che non si esaurisce passandola di mano da padre in figlio e ad altri figli ancora.

Particolare del Vesuvio dall'opera Mergellina di Teodoro Duclere (1815-69)

Jesce e fance grazzie
Cavaliere è Gesù Cristo
...
pe' la nostra santa Fede
E da' fede a chi nun crede ca nuje credimmo, sperammo e o vulimmo
Santo bello!
Chistu sango sbolle e vive,
Popolo mio, guaglio', fa festa
Pe' tutta la città

Miracolo della fede di un popolo che accoglie su di se tutto il fuoco di una antica religiosità pagana che si ritrova poi anche nelle pieghe di quello scenario umano che con le sue inflessioni e dimensioni dell'Io specularmente si riflette nella ripetizione del martirio del Santo: richiamo all'inconscio dei napoletani del proverbio arabo "il sangue è scorso" il pericolo è passato. Scandaglio degli strati più profondi dell'essere nei suoi cicli universali e inesauribili della trasformazione dell'esistenza nella frase della sua sospensione in un campo fluttuante e indeterminato. Vita vera assente ma probabile. Forza espiatrice e liberatoria. Energia vitale. Cosmica ripetizione di un sacrificio che le potenze nel cielo all'occorrenza allontanano castighi maggiori per la collettività riducendo ogni malevola realtà a frammento e poi ricomponendolo col mutato mosaico dei frammenti stessi in un caleidoscopio del fluire del tempo e della sacralità della vita che è tale in quanto scioglie ogni irrigidito presente nell'utopia della impersonalità dell'esistenza o del sangue come sede dell'anima, o come forza vitale vivificante e rigenerante del pensiero e del pathos individuale che non è più sofferenza ma passionalità e concitazione. Non più ruolo antagonista ma complementare.

> *Faccia 'ngialluta,* [2]
> *accurre e stuta*
> *'sta vampa de lo 'nfierno.*
> *Ora pronobis.*
>
> *San Gennaro mio potente*
> *scioscia chesta cennere*
> *e sarva tanta gente*
> *da' morte e lava ardente*
> *---*
> *Dillo a Dio, a Cristo, e' sante*
> *ca peccà' cchiù nun vulimmo.*
> *grazia, grazia, San Gennà'.*
> *D' 'e furmine tempestate*
> *libera nos, Domine,*
> *chisto popolo è fedele.*
> *San Gennaro miserere*
> *---*
> *Popolo mio va' te confessa,-*
> *popolo mio nun peccà' cchiù.*
> *Sia lodato San Gennaro*
> *'ca de Napule si' guardiano*
> *col tuo sangue e la tua testa*
> *liberaci 'a ogni tempesta*

(2)Giaculatoria rituale delle Elette di San Gennaro ('e pparente 'e San Gennaro per ottenere la liquefazione del sangue del santo in occasione delle tre ricorrenze tradizionali e cioè:il 19 settembre (anniversario del martirio) il 16 dicembre anniversario della tremenda eruzione del Vesuvio del 1631; il sabato che precede la prima domenica di maggio (anniversario della prima traslazione delle ossa del santo).

Forse nessun' altra città come Napoli ha avuto ed ha ancora oggi una fede religiosa che è scrigno prezioso di ingenua passionalità e di silenzioso racconto ma che sta per essere consegnata ormai agli studiosi di folklore o di sociologia ed è probabile che in un breve volgere d'anni quei pittoreschi epiteti dal lessico pienamente popolare ma intriso di intensa spiritualità che accompagnano le giaculatorie rituali delle "Elette di San Gennaro" spariranno del tutto non dalla memoria dei napoletani ma dal linguaggio corrente del popolo la cui identità formale è in continua oscillazione e appare già da oggi come spoglia inanimata.

Nella società dei consumi in cui viviamo o siamo sempre più vorticosamente e inesorabilmente avviati la storia e il mistero di questa devozione assume la dimensione di una piccola "Arca" vaporosamente fluttuante nell'aria su cui viene spontaneo imbarcarsi e salpare intrepidi incontro al diluvio degli affanni e delle pene del vivere quotidiano con la prepotenza dell'essere e con la speranza che all'orizzonte spunti una colomba con ben stretto nel becco un ramo d'ulivo che come seme assimilato alla terra sia cullato da mille e mille stagioni di prosperità e di pace e poter dire finalmente addio alle crisi nervose, addio alla desertificazione dell'anima e a quelle sottigliezze intellettuali che impoveriscono la mente e lo spirito e annullano i sentimenti.

È il sogno della vita che si ripete. Sogni di atmosfere e modi di essere e di vivere che tendono ormai ad essere sopraffatti dal mondo contemporaneo, nonostante che a Napoli i rapporti umani siano improntati ancora oggi ai rigorosi canoni di una fede che impone, come primo dovere, la tolleranza e l'ospitalità sempre e ovunque in un processo creativo che si raffina e si cristallizza nelle forme purificate delle iridescenze della luce o la povertà del buio tra i palazzi di stucchi e lapislazzuli o tra gli oscuri "bassi" della città vecchia. Macrocosmo o microcosmo che siano la luce e le ombre, i suoni e i colori ricreano in questa benedetta terra il Paradiso mentre l'anima della gente è proiettata verso l'infinito e il sublime divino senza perdere mai di vista la sublime dimensione umana e quel cielo furioso e gonfio di cenere, lapilli e pietra lavica proiettato anch'esso all'infinito oltre il profilo rovente del Vesuvio che da sfogo alle sue viscere magmatiche oltrepassando la quiete mediterranea e espandendosi fino al nuovo mondo narrando delle bocche degli inferi in fondo a quel lago d'Averno che fu l'anticamera dell'Ade che Virgilio lasciò imboccare ad Enea nel trapasso verso l'immortalità e narrando anche dell'antro della Sibilla corridoio vuoto del cuore, voce temuta dell'Arcano che ripete che ovunque è nessun luogo se non quello che si trova nel cuore delle persone che amano.

Energia endogena di aristocratica intelligenza e identità nobilmente popolare e di quella civiltà dell'*otium* che i romani scelsero di coltivare nelle rade amate da diavoli e da divinità marine in una simbologia dell'unità primordiale indifferenziata al di là del mondo delle apparenze di tutto ciò che esiste: incanto del golfo che disegna il confine tra mare e terra lungo le coste inghirlandate da isole verdi azzurre o pietrose dai colori rosa e celeste pastello. Paesaggio metà giardino e metà marino, dipanato su una distesa infinita di toni azzurrini chiusi all'orizzonte dalla ghirlanda delle solari isole giacenti nel mare in burrasca o nel riposo meridiano. Spazi aperti per scandagliare gli strati più profondi dell'anima e fare il punto sul riverberarsi dello spirito e delle vicende personali dei cicli inesauribili senza tempo della generosità della natura e dell'abbraccio della luce e del calore del sole in un golfo che è come una piazza aperta sulla città e sui campi flegrei: Wunderkammer principesca della natura avvolgente e indefinita tra sogno e realtà che toglie il respiro per la varietà e i contrasti dello scenario sospeso tra le rocce e le acque azzurre del Tirreno.

Ecco Napoli, la mia città! Un invito a immaginare un sogno al di là di ogni aspetto razionale o emozionale che può suggerire visione della napoletanità intesa come civiltà autonoma o come invenzione scenografica che costruiamo in noi stessi ricordando le esternazioni di antichi letterati che narrano della "plebea baldoria sfrenata" e delle ingenue esuberanti festosità labirintiche forme della devozione popolare per Santi e Madonne e della gioia e della malinconia mediterranea che sussurra gesta orrende e che mischiando fetore e profumo toglie con lo stordimento le difese. Squarci di false indicazioni che non si vedono quando non si vuole.

E non ci si accorge che proprio allora, quando l'anima della città non è più splendente e illuminata di gioia, essa allarga le braccia per stringerti al suo cuore con affetto e ti invita a vegliare con lei il suo sonno di Regina ancorchè piena di insicurezza come quelle di un adolescente.

E insieme per intraprendere, mano nella mano, quali pellegrini sulla terra, un purificatore cammino penitenziale, alla ricerca della salvezza dell'anima e dell'innocenza perduta nelle profondità melmose dell'esistenza in cui non è possibile separare la vita dalla morte, lo spirito dalla materia e le creazioni dalla distruzione.

"Popolo mio, va' te confessa
popolo mio, nun peccà' cchiù"

Scelta spontanea. Autentico sentimento devozionale del popolo che non a caso poi nella sua vocazione di religiosa vita comunitaria è difatti proiettato in un mistero della fede che considera l'evento come se fosse un fatto dirimente della verità assoluta, della storia cosmica e della verità relativa alla storia dei singoli.

Ma che cos'è la verità assoluta se è ormai accertato e accettato che in effetti non esiste? è forse una malattia della psiche? Io non lo so. So però che ogni essere umano ha in se "una sua verità" che è "relativa" e presuntuosamente crede che quella sia verità assoluta. In realtà è soltanto la sua personale verità che si modifica continuamente come il vento lungo le colline.

Per chi ha fede la verità assoluta esiste ed è quella di un essere superiore, una divinità eterna, onnipotente, benefica, provvida, onnisciente e onnipresente che detta agli uomini le regole della convivenza. Il resto è falsità. Come sono i dogmi e la santità delle leggi. È un capitolo della storia ancora da scrivere quello che in pratica riguarda la positività di dogmi come la felicità dei giusti, il castigo dei malvagi e la "santità" delle leggi.

"fauzo amico, fatte 'a llà
ca cù me nun haje che ce fa' (3)

Ecco allora che anche la liquefazione del sangue di un martire diventa mistero della fede e verità insieme dove si intrecciano debolezze e passioni, amore e crudeltà. Ma diventa comunque libertà del pensiero e della mente e così assume connotazione di verità pur non avendo il supporto né della ragione né della filosofia né della visione di re nudi per credere che tale verità sia verità e basta. Intanto il popolo l'accetta ben sapendo che essa non ha alcuna base di verità né è un dogma di fede ma ritiene tuttavia che aiuta a camminare, senza inciampare, lungo tutto il tempo che come un fiume arriva all'estuario e poi finisce nel nulla. Ma forse proprio questo è il mistero del miracolo della liquefazione del sangue. Mistero senza mistero così come quel margine d'ambiguità e quell'alone di magico che non si sa più se appartiene ad esso o alla nostra suggestione.

Sia lodato San Gennaro
ca de Napule si guardiano.

San Gennaro guardiano de Napule ma è anche Patrono e non c'è famiglia dove non ci sia un Gennaro o un Gennarino. nel sacro come nel profano nell'opera di Dio come nel lavoro dell'uomo. Accanto al merito reale v'è la reputazione. E tanto basta per capire la devozione dei cittadini per il suo santo patrono e la sua universale celebrità. Il napoletano bestemmia è vero. bestemmia con un colorito tutto suo tirando moccoli a Santi e a Madonne. Mai a San Gennaro. Chi non ha sentito bestemmiare per esempio il prezioso sangue di Gesù Cristo? e con quali epiteti! Ma mai sentito bestemmiare il sangue di San Gennaro.

Mai sia! la fama del Santo non solo a Napoli dove è il nume indigete ma ovunque suona spontanea, cordiale simpatia e popolarità.

(3) preghiera popolare

59

Il sangue di Gesù Cristo nessuno l'ha mai visto a differenza di quello del santo Gennaro che è "riconoscente" e ben grato a questo popolo che da quindici secoli ad oggi gli dimostra affetto e venerazione. Ingannevole finzione! Una realtà che è un pallido riflesso di un pensiero di un'idea? Che importa appurarlo. E allora amico fratello che tu sia un credente o no, anche se per pura curiosità in una prospettiva di dubbio e di ignoranza un giorno ti troverai nella Cappella in'attesa dell'evento miracoloso dello scioglimento del sangue, vedrai che anche tu insieme ad altre persone come me spalancherai gli occhi avidi rivolti a un medesimo punto mentre le donne "le parenti del Santo" invasate da furore religioso seguitano a gridare a tutta gola: San Gennaro fallo presto, fallo subito il miracolo.

E tu allora, fratello istintivamente identificandoti con il gruppo di fedeli e al tempo stesso distinguendoti da tutti ti alzerai sulla punta dei piedi, allungherai il collo e guarderai con più attenzione verso quel medesimo punto e senza una ragione apparente sentirai che dentro di te il cuore martella forte e sempre senza sapere il perché ti troverai anche tu in ginocchio e con le mani giunte a pregare. Eccolo il vero miracolo che non è stato un artificio prodotto di mani, testa o cuore, d'uomo!

Le sacre stille del sangue del Santo ti hanno illuminato con una bellezza familiare. Ti hanno dato la vita. E tu hai potuto così aprire gli occhi del cuore a Dio.

Ecco ecco… comincia
Il sangue non è più duro…
Il sangue si muove
Il sangue si scioglie
….
Oh il miracolo!

tutte le donne che gridavano a squarciagola tacciono ad un tratto come per un segnale convenuto o per incanto. Il silenzio è assordante nella sua sacralità. E allora anche tu, fratello, amico, curioso o mi-

Napoli - Via Toledo

scredente che tu sia parteciperai con una sensibilità atarattica una serenità d'animo e una commozione autentica a quel sacro silenzio profondo e solenne che è concentrazione di pensiero e respiro dell'anima. Oramai la tua mente è sgombra dal buio del dubbio e dal letargo della ragione. Le storie finiscono ma non si sa mai quando. In genere restano sospese verso un dopo ignoto perché più che finire si interrompono là dove nessuno sa più raccontarle. In questo contesto si può valutare e capire la devozione e la storia della fede dei napoletani verso il loro Santo patrono. Questi è considerato un santo protettore e "guardiano della città" e i fedeli se lo tengono ben stretto. Addirittura "ingabbiato" nell'incredibile reticolo di vie, viuzze e vicoli con la certezza che in tal modo può vedere da vicino i bisogni della gente. E risolverli. E poi, siccome quattro occhi vedono meglio di due e otto meglio di quattro essi si sono assicurati, senza per questo voler offendere il Patrono, la protezione di oltre una cinquantina di Patroni ausiliari costituendo li più affollato collegio di difesa mai vista di avvocati esercitanti il gratuito patrocino. Naturalmente tutti questi conpatroni hanno la loro festa, la reliquia e il busto d'argento in chiesa. Ma San Gennaro è il numero uno. È unico.

Ma forse è anche perdutamente solo in quell'orizzonte di vita cittadina apparentemente vissuta in un mondo del nulla. Ma poi riflettendo anche per un solo istante e osservando, ascoltando il sospiro dei sofferenti, i gemiti, dei poveri, il grido pensoso dei giovani, il lamento del lavoratore stanco e le preghiere recitate in piena solitudine o in coro ci si rende conto che in effetti il mondo che lo circonda diventa vivo e presente proprio sotto quel nulla apparente della vita silenziosa ma severa. Tanto vivo quanto può esserlo nella pallida illusione di diventare immortale lotta per non essere cancellato per sempre dalla memoria dei familiari e dalla storia della propria gente quantomeno in quella che è più vicina spiritualmente nella gioia, nella tensione e nell'esaltazione dell'anima. Non più prigionieri dell'ovvio dei propri limiti e dei propri pregiudizi ma liberi nel silenzioso pellegrinaggio esistenziale e intellettuale. Ed ecco che il silenzio diventa linguaggio specificità espressiva e conosce se stesso e trova una sorta di fede personale e quindi autentica e prende coscienza estrema della trama fittissima di quelle precognizioni che si attivano in antitesi a quanto sostengono i predicatori del dubbio nei momenti di sacro silenzio o di preghiera. Ragione autentica per realizzare un'opera di pulizia da tutte le retoriche e da tutti i luoghi comuni di fronte ai paesaggi dell'incertezza e dei tiepidi modelli di vita. Per decifrare poi la misura e intuire la dismisura e arrivare alla conoscenza del vero cioè l'infinito. Ormai anche tu fratello mio compagno di viaggio in questa mia tardiva ricerca della verità, sai bene che qualche goccia di "verità" alberga nell'animo di ogni essere vivente e che anche se, sospesa sull'abisso di vita vissuta "nel nulla" si solleva necessariamente sempre a Dio trasformando il malessere in benessere e superando l'assenza di interesse e di mancanza conoscitiva. Forse che per te il mistero della liquefazione del sangue era solo una curiosità verso un evento che quasi certamente hai sempre cercato di capire ma non sei mai riuscito? Probabilmente l'approccio non era quello giusto. o era sbagliato del tutto? Credo proprio di si. La ricerca della verità comporta l'adesione sincera al proprio spirito e alla sua logica di contraddizione e di non contraddizione e al suo metodo indagatore.

Tu, fratello, più che capirla hai cercato di catturarla ed è per questo che ti è sfuggita di mano la possibilità di una benché minima occasione di comprensione. Purtroppo non ti sei neppure accorto che ti avvolgeva come un'ombra e che passava oltre e che per questo ti superava te creatura trasparente ma per questo senza possibilità alcuna di fissare nel tuo cuore quello che già esisteva. È un vero paradosso! Ma è così.

E tu non potevi saperlo. Eri sempre più proteso ad arginare i limiti della tua volontà di conoscenza. Forse per timidezza o forse per paura di un possibile smarrimento del tuo Io di fronte alla probabile scoperta della verità. Quella che fa pensare all'infinito. A Dio. A quello che è dentro di te e fuori di te insicurezza e sentimento di impotenza. E non hai valutato, che così facendo, perderai la possibilità di testimoniare la tua trasparenza e la tua purezza ma anche e soprattutto l'innocenza della tua anima educata proprio per superare l'incarnazione del caos e della lotta del bene col male che alberga in tutti gli esseri umani.

Dunque non era per insicurezza o per sentimento di impotenza. Era vera e propria paura di rendere testimonianza di carità, di unità, di giustizia e di fortezza. Ma perché? Non importa saperlo. Importa invece che ora tu, fratello, se vuoi, puoi dirmi se alla fine non è stato bello essere stato avvolto e illuminato dal bagliore e dall'afflato di voce divina sprigionatosi dallo scrigno delle sacre stille del sangue miracoloso del Santo martire Gennaro. Io sono sicuro che è stato bello. Non è forse vero? Senti come freme e scalpita ancora il tuo cuore incantato? Lo senti,. Lo senti. Lo so. E so pure che non è stato un incauto incanto e allora fatti coraggio e impregna il tuo cuore del bagliore delle sacre stille del sangue miracoloso che è ormai diventato scrittura di luce per la tua anima e arma lucente per la tua vita. Ma ricorda e rifletti: tutto questo è avvenuto all'improvviso e in un inebriante tripudio di primaverili mimose. Quasi per miracolo.

Sì quasi per miracolo a te incapace di rincorrere e definire le infinite specificazioni di quella luce fonte di conoscenza e che il cuore ripone a nostra insaputa nel seno del silenzio e della ragione inconscia. Mai della ragione vera o presunta o della ragionevolezza, categoria cerebrale da un lato e dall'anima dall'altro quando essa percepisce il senso di sospensione, di attesa, di liberazione e di inadeguatezza di fronte all'immensità del divino. Ma non ti rattristare. Quella luce fonte di conoscenza è nel fondo più profondo di ogni coscienza. anche della tua. Oh città mia! Osannata oltre ogni limite e denigrata ben aldilà delle sue debolezze e dei "suoi peccati". Città dell'anima. Frontiera di desideri e di mille e mille arie, di fantasmi di placabile memoria, di amore di sé, della propria identità e della propria capacità di percepire ciò che è bello, grande e puro contro il relativismo rinunciatario, il nome dei valori della propria bimillenaria storia civile, culturale e umana. Patrimonio irrinunciabile. Accettazione di se stessa nel bene e nel male. Mito di se stessa occupando a pieno titolo i cicli dell'arte, della poesia e della storia.

E tu fratello, angelo o demone che tu sia, che m'accompagni nella sera della mia vita, perché non parli e non rispondi al sussulto di questi miei pensieri? Forse che sei distratto dal ciarpame corrivo di corvi parlanti di questa civiltà barbara drappeggiata di rosso e di falso moralismo? Attento ai colori splendenti e ai facili sentimenti del falso buonismo, alle belle parole e all'aspro risentimento. Specie quando si fanno discorso obliquo.

Città proliferante, eccessiva, contraddittoria, Napoli di cui non si dirà mai abbastanza è una città laboratorio, un pentolone in ebollizione, come il Vesuvio, aperta all'avvenire non alla moda e alle mode o ai modi stagionali dell'illusione di quella realtà figlia della cultura della pubblicità o delle superficiali apparenze: corpo molle della storia e della sua provvisorietà che recita ormai un rito che serve solo a se stessa. Dramma di morte in sintonia con la sensibilità del tempo, che si carica di un falso struggente pathos per la consacrazione di un percorso intellettuale ed esistenziale che è giunto ormai all'apice del suo "splendore" e si avvia al tramonto in un malinconico crepuscolo.

Città da sogno immaginata oltre il tempo, condizionata dai filtri della tradizione e dai richiami a fatti illustri della sua storia Napoli trova ancora linfa vitale inseguendo tra i rami ormai spogli quel che resta della fragranza di fiori d'arancio, di corbezzoli, delle more e l'eco e il coro di voci a lei vicine o lontane, parole di vita e di storia vissuta o pensata, corsi e ricorsi di immagini lucenti come una dolce e significativa eredità che nell'integrità dell'attimo trova l'essenza della vita che è amore, ambiguità, ombre o trionfi e che segnano o hanno segnato palpiti e speranze, connessioni, suture incontri e scontri, conquiste e perché no amare esperienze e tanti ostacoli da affrontare. A volte con grandi difficoltà.

E quante illusioni! Quante delusioni! Quante vie strette, tortuose e buie così come sono le strade della storia di una grande città! E non sono suggestioni confuse di mescolanze, di note infinite, di voce solenne, nè di risvegli o di resurrezione, o di momenti di vita comune sostenuta o maestosa. Alla fine è tutto ricondotto o e riconducibile alla quotidianità della vita, come se essa fosse un gioco o uno spettacolo di fede e di ostinazione. Le ragioni? le cause? non si conoscono anzi sono conosciutissime come per la filosofia della vita dei napoletani è sempre valido l'antico pensiero del sommo poeta latino Virgilio il quale sentenziava nelle sue Georgiche " ...Felix qui potuit rerum cognoscere causas" felice colui che può conoscere la causa delle cose.

Ma è proprio alla luce di queste riflessioni che i napoletani non sapendo a chi rivolgersi per la soluzione dei veri problemi che si presentano loro nel corso della vita si affidano direttamente a Dio o ai suoi santi collaboratori sin dai tempi antichi e in un incessante tentativo di costruire ponti tra loro e le divinità scavalcano quel potere civile che dovrebbe essere super partes e provvedere alle necessità primarie della persona.

Questo comportamento della gente viene sempre più consolidandosi nel tempo ed è ormai parte integrante del DNA dell'intera popolazione. È una concezione forse un po' primitiva della religiosità che intanto mette in evidenza non solo la giusta opposizione di tante idee spesso confuse e contraddittorie ma anche una mescolanza di sacro e feticismo. Controverso percorso di fede punteggiato di lunghi periodi di "incomprensioni" giuste o create ad arte, ma sempre comunque per imporre da parte del potere civile ogni tipo di avversità: subdole forme di ipocrisia dalle sfumature cangianti legate al trascorrere del tempo in cui si tenta di giustificare che tutto è dovuto a Cesare anche quello che è di Dio e dei cittadini.

I napoletani non sono pagani ma emigranti morali dell'attuale rappresentazione del mondo globalizzato e asservito ai noti interessi privati della "cricca": essi riflettono quel meraviglioso specchio dell'immaginazione dentro il quale è possibile leggere il futuro, il disvelarsi sempre diverso della loro vita e il "disertare" le convenzioni sociali e le stanche regole della politica quella che cerca, per le sue proprie nefandezze, l'autogiustificazione creandosi propri ipotetici nemici. Fascino della storia e dei suoi miti continuamente ripresi nel loro linguaggio festoso e fastoso dalle vertiginose accelerazioni che determinano il paradigma e i caratteri essenziali del carattere dei napoletani, tolleranti abitualmente ma alteri nello sdegno e appassionati nell'invettiva. Tenerissimi con i deboli, i fanciulli e le donne, ombrosi con i superbi. Ma sempre ispirati a valori culturali ed etici di profonda laica umanità che guarda alla realtà della vita attraverso il diaframma della grande storia del cristianesimo sempre impegnata in progetti di solidarietà dove la crescita umana e spirituale è molto attenta e partecipata.

E ghiammo a salutare la Madonna
l'Immacolata Vergine Maria;
d'ò Paravise, è lla site culonna,
l'eternità, è lla site Riggine.
Sotto à stu manto vuosto jo me commoglio,
addò c'è fede, lla è à speranza mia;
Salvateme, Sant'Anna cu Maria,
tutt'è bisogne mieje cunzulate siano. (4)

(4) *M.Furnari – antiquum breviarium neapolitanum. Napoli – Editrice Fiorentino*

Sempre nei gesti, nelle parole e nei silenzi, c'è un chè di divino che porta il cosmo sulla terra e veste l'anima nuda della gente di forme e simboli che richiamano l'enigma dell'empireo in una danza di cori, di preghiere, di santi, di astri e di stelle e che proietta la sua ombra nella quotidianità librandosi tra passato e avvenire.

Un costante equilibrio tra terreno e ultraterreno, un ordine cosmico reso attraverso la preghiera e la meditazione intesa sia come presenza reale del divino sulla terra sia come realtà astratta in cui la preghiera si concretizza in ciò che rappresenta: una forza vitale, propulsiva sulla pista del sogno che aiuta a volare in alto senza avere le ali. Che meraviglia questa capacità di torsione ed estensione del divino attraverso la parola nella sua dinamica simbolica di preghiera e di espressione! Riporta il pensiero ai primordi facendolo consumare dal tempo e mimetizzandolo nella natura delle cose come se fosse parte di essa o tenuto in equilibrio da una impalpabile tensione o una sospensione in un mondo in cui il sole arde ogni giorno e brucia il tempo in un tempo che è sempre più occupato a consumare, bruciandoli, gli anni e la gente di cui non ha più bisogno.

Un mondo in cui quando tutto arde tutto finisce inesorabilmente nelle braccia del destino per dissolversi, liquefarsi nella consunzione, nella combustione del tempo e nella cremazione dei corpi. Tali considerazioni complementari fra loro sono la misura dell'intelligenza e del gioco e la liquefazione del sangue ma suggeriscono e fanno comprendere in un certo qual modo non solo la misura e la levità combinatoria del mistero della liquefazione del sangue di San Gennaro sia con la fede sia con i valori scientifici della chimica e della fisica ma anche con le rivelazioni del dinamismo, dei contrasti, degli equilibri precari e compressi che esso ci propone dal movimento ciclico e perpetuo insito nella materia apparentemente ferma e statica.

Mentre dentro di sè le particelle della sua sostanzialità sono in perenne agitazione per la stessa natura ciclica degli eventi e del rinnovamento continuo della sua essenza e quindi della vitalità che si relaziona nelle sostanze della vita dell'uomo sulla terra in un complesso di valori e di valutazioni in cui il divino e il cosmo diventano sentimento liberatorio e nutrimento dello spirito e soprattutto semplicità del pensare e del fare degli uomini: cibo genuino solido non ogm che non deperisce con l'avvicendarsi di teorie e principi fantasiosi e di stati emotivi e di ingannevoli esigenze esistenziali. Pensiero e azioni che si disvelano nella semplicità e nell'ambiguità della vita dei napoletani sin dai tempi lontani e che trovano spazi congeniale nella loro identità e nell'energia che hanno di per se e che modificano lo spazio e stimolano la mente continuamente senza che vengano per questo a loro volta modificate nella propria sostanzialità che può trovare il suo naturale continuum sulla seconda faccia della stessa medaglia: la sanguigna maschera di Pulcinella.

Che c'entra ora Pulcinella con il sangue di San Gennaro! C'entra. C'entra. Il sangue del Santo e la maschera sanguigna di Pulcinella sono ambedue il prodotto dell'ambiguità confacente al liquido viaggio del maschio seminatore di avvenimenti oltre le colonne d'Ercole. Il Santo è uomo ma sanguina come una donna: un altro legame oscuro tra sangue e corporeità tra eros ed energie cosmiche tra staticità e sangue in tempesta. Pulcinella è maschio o femmina? È tempesta color del sangue, maschera della commedia dell'arte ed è vivo o morto, stupido o intelligente, insidiosamente servile o orgogliosamente superbo, a volte ottuso e a volte furbo; ma sembra come se avesse una forma superiore viva di ragione e non il solito niente vestito di chiacchiere? Senza per questo confondere il sacro con il profano anche se qualcuno vi riconosce una ibrida mescolanza di intenti. E di valori: Il dubbio, il bivio, l'aporia, la filosofia, il mobile assunto del Dedalo da un gioco all'altro nel gran gioco del mondo: varco attraverso il quale si penetra, forse a ragione, nella liturgia dell'ambiguità dove col fermarsi del gruppo comincia a funzionare la mitologia dell'essere che tenta così di esprimere la propria essenza individuale o sociale.

Napoli è una delle più popolose e importanti città del mondo ma a volte più che vicina alle grandi capitali d'Europa sembra essere gemella di qualche città Sud Americana per la violenza che si vive in alcune periferie: ambiguità di un ex capitale di un grande Regno.

Conserva però un anima romantica, ottocentesca e si riscatta per questa sua peculiarità tanto che perfino i sinistri rappresentanti della politica locale e nazionale suonano per lei dolcissime armonie con i loro stonati violini. Ma questa è un'altra storia. È una storia poveretta, poco furba e surreale. È la storia di quello sciagurato corollario di rètori sempre pronti ad osannare o a beffeggiare, a seconda dell'aria che tira, con un respiro da pianerottolo o con stridulo conto da piazza in rivolta, approfittando dell'attuale fluire del tempo non propizio per ripercorrere l'avvincente itinerario di questa metropoli specchio cristallino di antichi fasti di una grande umanità di una francescana capacità dell'accoglienza e della sua anima di città capitale. Ma prima o poi bisognerà farsene una ragione e ascoltare religiosamente il silenzio della sua musica e mostrarsi corpo in presenza.

Capitolo decimo

FILOSOFIA DELLA VITA TRA FANTASIA E REALTÀ

A che cosa serve la filosofia ?
È una domanda o molto ingenua o
troppo irrilevante. Ma è giustificata
per i neofiti.
La filosofia non deve servire
a qualcosa.
È amore puro e disinteressato della
conoscenza ed è per questo una delle
più nobili attività umane: cerca di
rispondere a domande fondamentali
come: di che cosa è fatto il mondo?
Da che cosa ha avuto origine?
Come dobbiamo comportarci con i nostri simili?
Esiste Dio?
esiste una giustizia al di sopra degli
uomini?

L'idea di giustizia nasce quasi sempre dall'esperienza di un ingiustizia subita o dal senso comune che si risveglia di fronte alla non giustizia. Ma al di là dell'interrogativo della filosofia si può rispondere che nella vita comune di tutti i giorni non esiste un senso di giustizia in astratto ma è recepito e valutato in rapporto o al bisogno di giustizia – legalità nel tentativo e nell'opportunità di mantenere un equilibrio che esclude sia l'eccesso dogmatico che quello scettico. È un opportunità che spesso raggiunge eccellenti risultati con un auspicata giustizia conciliativa. Ed è bene così visto che "dal legno storto dell'umanità non si è mai cavata una cosa diritta" come sentenziava Kant citazione prediletta da Isaiah Berlin che la usava contro ogni idea di società perfetta e di ogni totalitarismo. Mentre Adam Smith

(1723-1790) nel suo saggio sulla "ricchezza delle nazioni" sentenziava a sua volta che: "non e della benevolenza del macellaio, del bir-
raio o del fornaio che ci aspettiamo il nostro pranzo ma dal fatto che
essi hanno cura del proprio interesse".

Pensiero astratto e vita concreta – Questa è la filosofia della vita
e questo è il pensiero dei geni della storia della filosofia. Si può con-
dividerlo o meno ma è bene prenderlo con filosofia e vivere filosofi-
camente così come nella mia città. È un popolo quello della mia città
che è un mistero sempre percorso da un incredibile slancio vitale che
diventa, come per miracolo, energia creativa, benigna e coraggiosa.
Devoto e osservante della religione. Da sempre "conquistato" o "pro-
tetto". E allora San Gennaro, Padre Pio o i Borboni sono la stessa
cosa. È una realtà. Certo ma è anche una rivelazione profonda più
bella e abbagliante delle festosità e della fastosità dei luoghi e delle
persone. Più bella delle apparenze. Ma riserva di sapere e di arguzia
in continua evoluzione e adattamento. Mi sovviene in proposito un
vivace episodio accaduto nel '500: è la storia dell'espediente di un
giovane e brillante avvocato che avendo difeso un contadino in una
causa davanti alla Gran Corte della Vicaria e che di fronte alla ema-
nazione della sentenza sfavorevole commentò imprudentemente la
sconfitta affermando che i giudici "non avevan saputo dove s'haves-
sino il capo". È fu così che il suo cliente, il povero contadino persona
rozza convinto ciecamente delle parole del suo avvocato la mattina
seguente si recò in Vicaria e in presenza di molti giudici e avvocati
ripetè le stesse parole del suo patrocinatore commentando a sua volta
che il "suo" avvocato era nel giusto per quanto riguardava l'opinione
espressa perché certamente ne sapeva più dei giudici. Ne seguì un
putiferio con alti lai.

I giudici, offesi chiesero conto e ragione di tale affronto e fecero
ricercare il contadino ed il suo difensore il quale, avendo saputo del-
l'accaduto, riprese il proprio cliente e gli consigliò un ingegnoso
espediente raccomandando anche di attuarlo in pieno quando si sarebbe presentato davanti ai giudici. Il giorno dopo costui si recò alla
Gran Corte della Vicaria avendo avuto l'accortezza di portare con

se un crocifisso di piccolo formato datogli dal suo legale. Lo nascose sotto l'enorme mantello a ruota che lo ricopriva e quando arrivò davanti alla "rota" non esitò ad inginocchiarsi con gli occhi pieni di lacrime e con atto di chiedere a Dio misericordia e giustizia piuttosto che ai magistrati. Ma il capo della Vicaria per niente turbato da tale comportamento con tono burbero e da inquisitore subito gli chiese:

-"E vero quello che dicesti giorni or sono sul conto di questa giuria?"

-"Si", rispose imperterrito il contadino, "è verissimo"; dissi che "il mio avvocato ne sapeva più dei signori giudici i quali ebbero certamente torto nel condannarmi!"

-"Ebbene", riprese il presidente, "è mestiere che spifferi il nome del tuo saccente avvocato che gli caveremo noi il ruzzo dal capo di offendere la dignità delle leggi!"

Fu a questo punto che il povero contadino così come gli aveva suggerito il suo legale, tirò fuori il crocifisso e si battè il petto come per devozione. Poi con grande calma esclamò indicando la piccola croce: "questi e il mio avvocato il quale non può mentire".

Feticismo, religiosità e filosofia della vita applicata al "politicamente corretto" così come è uso dire. Al che i giudici più scornati che confusi lo lasciarono andare. Con tale stratagemma il "valente" avvocato che si chiamava Giovan Pietro Mangrella salvò il suo cliente e sè stesso dai rigori della legge. Un critico del tempo annotò "che all'uom astuto e prudente è facile il sapersi guardare e liberare da ogni pericolo".

Con un tono pacato e con parole semplici quanto efficaci, con un energia apparentemente spensierata e di fanciullesca intemperanza, il giovane avvocato era riuscito a districarsi brillantemente in una situazione che allo stato dei fatti era abbastanza imbarazzante e forse pericolosa. L'arguzia l'ebbe vinta. Non l'astuzia che come si sa s'ispira a scaltrezza o a furberia categorie che sono dirette non tanto ad ottenere giustizia quanto a sorprendere la buona fede del prossimo per procurarsi al massimo e più rapido vantaggio nelle contingenze che la vita offre sia nell'attività che nella passività nella condizione umana. Una grande vittoria ma soprattutto una grande beffa ai danni della Gran Corte della Vicaria avendo avuta l'accortezza di non contestare, ed era possibile, alcuni lati oscuri e deboli della situazione ostile che si era creata ma che avrebbero "permesso" ai giudici ritenutisi offesi di "applicare" per ritorsione e per vendetta anche leggi ambigue e contorte (ce ne sono tante) per ottenere abusando del loro potere una esemplare condanna. Tanto i giudici chi li giudicherà mai! Ma come si è visto esiste anche una giustizia "giusta". Quando misteriosamente si concretizza.

Per questo e per tanti altri motivi la vittoria fu ritenuta anche una forma di riscatto morale, virtuale e simbolico contro lo strapotere dell'istituzione. Differenza rilevante e utile per capire e chiarire se c'è ancora da capire e chiarire un aspetto poco conosciuto del carattere dei napoletani, quello riguardante l'amore per la giustizia e l'osservanza della Legge. Non delle leggi spesso ad usum delfini. La legge. Il rispetto della legge sono di casa a Napoli anche se "Il mare non bagna Napoli" come dicono certuni che parafrasando il titolo di un noto libro disprezzano questa nobile città. Forse perché invidiosi che essa nonostante tutto riesca a sopravvivere a se stessa nella continuità bimillenaria di una vita vissuta nella semplicità dei sentimenti e nel modo di scoprire sempre e meglio la creatività dell'intelligenza e della fantasia a specchio della sua identità e del suo umanissimo senso della vita. Nella vita e nella morte, nel principio e nella fine, nel peccato, nel perdono, nella tolleranza, nell'accoglienza, nell'amore e nella giustizia c'è il cosmo intero dalla palpitazioni delle stelle e delle comete fino alla vita della terra e al destino dell'uomo: realtà spirituale e l'insieme di tutto ciò che di compiuto vive nella coscienza degli uomini e conferisce dignità eterna all'impressione fuggevole strettamente individuale e frammentaria ma non per questo meno significativa.

Eredità vivente di cui ognuno, nel divenire del proprio destino, dispone ed opera immaginando che spesso la linea del divenire può presentarsi non in maniera lineare ma in maniera ondulata e con tortuosità crudeli: un traguardo arduo raggiunto a fatica e con sofferte rinunce personali e tanti sacrifici, può in qualsiasi momento e per un nonnulla essere vanificato così come perfino il lume della ragione può essere oscurato da improvvise passioni, dall'invidia, dalla gelosia o dalla vanità. E allora? Non resta che fuggire lontano: ma nessun luogo è abbastanza lontano. Questa è la vita!

Viene da non si sa dove e va non si sa dove e ogni essere umano non è altro che un frammento concluso del suo divenire: ultimo anello di una impalpabile catena che la lega ad una realtà nevrastenica e cattiva mascherata da fetido buonismo. E come sempre avviene in questi casi " certuni"- persone senza scrupoli - ne approfittano impunemente per manipolare pro bonis suis circostanze, persone, la crudeltà popolare e perfino il timoroso sentimento religioso della vita e della morte. E si assiste allora democraticamente impotenti agli inganni ed al danno arrecato non solo a tanta gente semplice di cuore e di mente ma anche alle pubbliche istituzioni.

Utilizzando poi un linguaggio senza pensiero, queste persone senza scrupoli, anticipando la fine annunciata della vita democratica del Paese ormai gravemente ammalato e in prognosi riservata riescono incredibilmente a secolarizzare a fattore di "potenza terrena" i sentimenti della gente stabilendo e gestendo i criteri di valutazione del bene e del male, della felicità e dell'angoscia, del sapere e dell'ignoranza ignorando loro, di proposito, che gli esseri umani non sono oggetti nè soltanto realtà corporea ma anche e soprattutto realtà sensibile e pensante e sempre spinta, per chi ancora non lo sapesse, da un autonomo proprio slancio vitale tanto potente da sfondare lo spazio e il tempo fino alla dimensione sacra dell'universalità della storia e quella rivoluzionaria della conoscenza: fattore unico per invertire la rotta e per diventare, come diventa, consapevolmente artefice della propria vita terrena e perché no anche di quella ultraterrena, rocca dell'anima che si accende di luce propria nell'amore della giustizia e fa emergere emozioni e reazioni autonome di coscienza e di conoscenza vicinissime alla quotidianità e del suo rapporto con la sacra purezza delle origini che rispetta e fermenta l'età adulta del mondo. Il tutto nell'ambito di una sofferenza esistenziale e nell'avvento perverso dell'equivoco algido del pensiero debole e posticcio con le sue impudicizie e l'ebbrezza di atrocità universali. Sinonimi di verità e di rivelazioni che permettono alla fine per reazione un più diretto rapporto col divino e un più proficuo contatto tra gli esseri umani alla luce del naturale ancestrale anelito alla spiritualizzazione, alla fedeltà strenua verso il mondo e all'uomo e al radicale essere per gli altri.

Intanto viviamo nel tempo della precarietà, del malaffare e del dubbio e in molti si chiedono "Perché tanta ansia per questo anelito alla spiritualizzazione della vita? Che cosa c'è dietro?"

Forse niente. Forse tutto. La vita non è solo scienza, venerazione, economia, esercitazione retorica ma è anche e forse soprattutto vedere, muoversi, meditare, riflettere, pensare, valutare. E che dire poi della sublimazione che riceve dal vivificante soffio etico del sacro della vita stessa che le consente di analizzare e comprendere anche il mistero del male? di affrontarlo e di sconfiggere con le incredibili rivoluzionarie armi in suo possesso: la spada del pensiero e della parola; ormai infallibili e indistruttibili perché forgiate nel fuoco della tempesta della vita quotidiana e nell'essenza stessa della sua esistenza, nello scroscio dei torrenti e dei tormenti dell'anima e per questo possenti come antiche mazze ferrate. Ampio respiro di fortezza e di virtù che riflettono e si riflettono nella ricerca di vie nuove e da opporre al disagio esistenziale e dare uno scopo alla propria vita. Quale scopo?

Non lo so. Forse invocare la spiritualità della vita come il segreto desiderio di salire di grado o in antitesi invocare il male che è gioia ma di discendere?

Meglio il soffio etico della vita e la melodia della sua musica che possono essere di grande aiuto per divincolarsi una volta e per sempre dalle catene delle trappole insite nelle tenebre e nell'inganno della vita stessa legata al richiamo della vanità e insidie proprie della natura che a volte ci appare sotto la costellazione di Pan, dio della paura, della vergogna e del conflitto. "Al mondo tutti gli uomini e tutti gli animali lavorano con tutte le forze, con ogni sforzo, dal mattino alla sera, solo per continuare ad esistere e dopo un certo tempo tutti finiscono. È un affare che non copre le spese". [1] È questa un' amara verità proprio così ma tu che sei ben capace di adattarti al reale e che non soffri di senso di inquietudine e di precarietà, non disperare. Schopenhauer era un pessimista inguaribile. Bisogna prenderlo con... filosofia. Fatti dunque forza, amico mio e abbi fede in te stesso e attieniti a quella parte più alta della facoltà che è in ogni uomo, la mente, "quella fine preziosissima parte dell'anima che è deitate" [2] se vuoi addentrarti nei meandri profondi e oscuri dell'anima là dove hanno luogo non solo il dubbio e il dramma dell'esistere ma anche le vertigini del sublime da coltivare poi con amore e coscienza.

Nella mia città che ora è anche la tua città sai bene che si vive e si lotta ogni giorno per questo: per realizzare cioè una sorta di architettura dello spirito che consenta una rinascita della vita non più sottomessa al male ma ispirata all'uso del buon senso, della ragione e dell'esercizio della virtù: nobili facoltà proprie della coscienza stessa degli uomini, non solo prima, ma anche al di fuori del cristianesimo: uomini normali, ingenui, falsi, nevrotici, avidi ma sempre uomini liberi. Nella contrarietà e nelle contraddizioni della vita, nelle trepidazioni e nelle speranze. Ma avendo sempre nell'anima il presentimento di una possibile rinascenza.

E allora, amico, fratello considera e valuta anche tu il vero significato e l'importanza dell'origine e della ragione d'essere della libera volontà, il buon senso e della ragionevolezza del pensiero che come ben sai toccano le radici stesse dell'umanità e che per questo possono aiutare a rintracciare la giusta via per "seguire virtute e conoscenza" al più alto livello di cultura e civiltà e così poter trarne illuminazione per giungere al possesso di ciò che l'occhio può cogliere e dominarlo poi proprio attraverso la ragionevolezza del pensiero e la sicurezza dell'intelletto.

Considera pure la possibilità di impiegare impulsi opportuni per dare più consistenza a un modello etico della quotidianità dell'esistenza e soprattutto per realizzare un'organica riflessione sull'enigma

(1) Arthur Schopenhauer – filosofo – (1788-1860)
2)Dante Alighieri – convivio – III, II 19

Pompei - panorama

del viaggio della vita attualmente sempre più oscurantista e infiacchita a causa dell'assenza d'amore perfino di semplici manifestazioni d'affetto o di autentiche emozioni come possono essere il profumo e l'amore materno spesso rincorso, una carezza, un bacio, un abbraccio o un sorriso anelato e spiato. Sono dettagli è vero e forse anche discordanti ma concordanti nella sostanza in quanto studiati e ricomposti mille volte nella mente: in attesa i fiori sono appassiti e gli zefiri sono andati via inseguiti da venti tempestosi. Così tutto appassisce. Ma caro amico mio, come ti ho già detto: fatti forza. Abbi fede. Vedrai che con la nuova estate tornerà l'erba nuova e torneranno anche i fiori, le foglie d'oro e d'argento e tanti tanti prati verdi. E quante rose ancora fioriranno. Ed anche tante spine. Mentre io come povero mendico andrò vagando sul duro selciato fino a sera. E attenderò il sonno ristoratore. O mio Dio, sono commosso. Come vorrei essere persona saggia, modesta e pura come l'eco delle voci dell'innocenza e della melodia dei salmi. O gioia!

È ora di appartarmi in silenzio e in silenzio ascoltare il canto dei fatati misteriosi pensieri di pace, di virtù e di conoscenza e la musica dell'anima che è respiro di Dio e di vita. Sì! Virtù e conoscenza. Musica dell'anima. Perché gli uomini non furono fatti per vivere come animali ma per apprendere la " conoscenza "[3] che è concentrazione

3) *Divina commedia – Dante Alighieri – (1265-1321) – inferno XXVI*

di pensiero. Quello che passa attraverso tutta l'esistenza di ogni essere umano sul filo della nostalgia di una vita immaginata dolce e materna, calda e morbida come una pelliccia. "Tu potrai degenerare nelle cose inferiori che sono brute; tu potrai, secondo il tuo volere, rigenerarti nelle cose superiori che sono divine" [4]. Non per creare o cambiare la società ma per creare un uomo nuovo in libertà e distinzione. Per giungere a tanto occorre dunque liberarsi dalle passioni così come ci rivela "il disinganno", quel monumento di indubbio significato allegorico scolpito da Francesco Queirolo raffigurante un uomo nell'atto di districarsi con l'aiuto del genio della ragione, dalla rete delle mondane passionali vacuità che lo avviluppa come un turbine in un'atmosfera di misterioso silenzio e di palpitante attesa, proprio come sono i nostri tempi sospesi nell'attesa di un supremo, fastidioso distacco dal buio della mente e dal torpore dell'anima e sentirlo così non più come furore anarchico ma come testimonianza presente e convivente della sacralità della vita oltre il conforto della Fede nel Dio rivelato

"O passeggero, chiunque tu sia,
cittadino, immigrato o straniero
entra e adora riverente l'immagine
della Pietà Regina.

...

Guarda scrupolosamente con occhi attenti
E contempla le ossa degli eroi cariche di meriti.
Quando avrai dato opportunamente culto
alla madre di Dio, un contributo all'opera
e ai defunti ciò che è giusto, pensa seriamente anche a te.
Va pure" [5]

(4) Oratio de hominis dignitate – Pico della mirandola (1463-1494)
(5) Dalla lapide al portale di ingresso della Cappella San Severo a
Napoli – iscrizione dettata nel 1707 da Raimondo di Sangro Principe
di San Severo per conservare all'immortalità, nei sepolcri, le sue ce-
neri e quelle dei suoi.

Incarnazione di un significato profondo e simbolicamente rilevante un essenza, un vedere e un comprendere con il pensiero ciò che le apparenze non sono in grado di fare. Una trasposizione dunque dell'essenza, "Eikon" come si diceva nel mondo greco antico e oggi nella mia città, la città nuova per antonomasia, la città dell'anima, dell'accoglienza, della tolleranza, della speranza che si accompagna al tormento e dell'amore che è giunto al massimo straziante dell'ardore e della naturalezza, parla di Dio in relazione della lealtà, alla giustizia e alla fede nella salvezza: "Se inviassi", dice il Signore, "la peste in quella terra e Noè, Daniele e Giobbe fossero nel bel mezzo di quella terra essi non salverebbero ne figli ne figlie, ma salverebbero solo la loro anima per la loro giustizia."[6] Errare è umano. E l'uomo può ravvedersi. Ma se persevera nell'errore nessun intermediario anche se uomo giusto come Noè o come Daniele o Giobbe, potrà mai salvarlo dal castigo.

"Non vi è popolo delle libertà più cupido dei Napoletani e che altresì men capace ne sia mobile nei costumi, incostante negli affetti, volubile nei pensieri che odia il presente e con sregolate passioni o troppo teme o troppo spera l'avvenire ". [7] Napoli ancora oggi respira quest'aria, questa realtà dei sentimenti, franchezza delle esperienze e turbinio delle emozioni sempre a difesa della propria gente. Sempre: sia quando essa esulta sia quando si addolora, sia quando piange o ride, ama o odia. Nella pienezza della propria essenza e della propria identità mai violata e della tipica mentalità, che viene spesso trasformata dai suoi denigratori, in condanna e colpa. Non l'amano. Ed io invece l'amo. Tanto. Anzi di più.

Ma forse non l'amo. L'amore dura così poco. È troppo breve. Intanto l'anima mia freme per il suo bene e per il bene di tutta la gente che come albero velenoso si avvinghiata alla mia vita e che fra sogni ora lieti ed esaltanti, ora tristi e gioiosi si muta mille volte e mille volte si rimuta tra l'estasi del sogno tranquillo e freddo e l'infelicità

(6) S.Bibbia – Ezechiele 14-19
(7) Pietro Giannone – storico (1676-1748) "Istoria civile del regno di Napoli (1723)"

della realtà spesso zoppicante nella passione e nel dolore. Condizione del mio spirito, dei miei dubbi e del limite della ragione sempre più fluida e imprecisa come se si diluisse in un mare di silenzio. Nel nulla. Cara città mia, nata dal popolo e con esso ti abbandoni alla vita come l'avventurosa procellaria alle raffiche del vento e ti difendi dalla vita stessa perché spesso nemica dell'amore

Cara città mia! Perla del pensiero e tumulto del cuore che insieme con quelle della terra del vento e del mare ti avvolgono e ti abbracciano mentre la luce del sole ti illumina e ti riscalda. E finché dura questa luce cristallina io devo essere felice e far danzare il sorriso nei miei occhi e l'amore nello sguardo. Non voglio trovarmi né come Omero *"quandoque bonus dormitat Homerus"* [8] né sonnecchiante come colui che alla domanda "Lei è mai stato felice?" rispose: "Mai più di sei ore di seguito" [9].

Probabilmente o certamente per colpa sua. Chissà! Ma che gran confusione che si fa ancora tra tempo e spazio, tra esaltazione e sgomento. È come pensare alla felicità immaginando il terrore: presenza assenza dell'anima e limite del sentire la grandezza divina o anche il contrario. Forse è voler escludere ogni sentimento di disgregazione? O forse è la sensazione di un affetto perduto o di un'innocente lontana felicità?

Chissà! Forse è un sentimento di pura spiritualità offuscato dal pensiero ateo o dalle false verità del vagare nel dubbio e nelle pene dell'anima. "Mi mancava la fede e non potrò mai, quindi, essere un uomo felice, perché un uomo felice non può avere il timore che la propria vita sia un vagare insensato verso una morte certa"[10] : immagine tragica del tempo con la consequenziale frequente rinunzia ad agire a un affidamento ai due piani della santità celeste e di quella terrena. Libertà come terrore psicologico così come la vita moderna

(8) *Orazio Flacco (65 a.c. – 8 a.c.) "…. Talvolta il buon Omero" (Satira)*
(9) *Woody Allen – attore – regista (1935)*
(10) *Stig Dogerman (1923-1954) – "Il nostro bisogno di consolazione Suicida a Enebgberg".*

dalla strana tolleranza e dalla presenza di dubbi personaggi che si fondono e si mascherano in un grandioso senso teatrale e spettacolare della vita: ammirazione per la sontuosità e per lo sperpero spagnoleschi. Per fortuna Napoli non è mai stata contaminata dalle mode. Ed è sempre stata per questo città libera in ogni espressione della sua esistenza millenaria ricca di misteri e antico fascino "Napoli è la più misteriosa città d'Europa e la sola città del mondo antico che non sia perita come Ilio, come Ninive, come Babilonia. È la sola città al mondo che non è affondata nell'immane naufragio della civiltà antica. Napoli è una Pompei che non è mai stata sepolta… " [11]

È una tesi avvincente e utile per indagare il fenomeno poco appariscente in superficie ma ricco in profondità di significati e di rivelazioni sorprendenti proprio della continua trasformazione della città lungo il corso bimillenario della sua storia e dalla stratificazione delle varie epoche che ne hanno determinato un palinsesto in cui il presente vive insieme con il passato in una perenne osmosi: riflesso dell'evoluzione della storia umana degli abitanti, delle loro abitudini, delle loro aspirazioni, del rapporto con la natura e il territorio del loro modo di sentire e di esprimere il bello, il solenne, il sacro e il profano in una evoluzione che nonostante le trasfigurazioni ha conservato anche nelle nuove configurazioni quella reconditia individualità e unicità che le ha evitato di "affondare nell'immane naufragio" della civiltà antica e di non essere coperta da cenere, lava e lapilli come Pompei nel senso che al di sotto delle trasfigurazioni e dei gesti e degli atti più comuni e ordinari compare sempre qualcosa che è accaduto prima, molto tempo prima e che non è mai stato cancellato del tutto. È il passato che si insinua attraverso il velo del presente nella quotidianità della vita configurata in un rapporto tra umanitas e psicologia popolare unico per ricchezza di naturalità, spontaneità e di antitesi.

Miracolo della storia e delle sue storie. Miracolo della natura e dei suoi colori, dei suoi profumi e della sua salubrità, delle sue pianure e dei suoi colli e dei suoi vigneti. Ecco Napoli città antica devota alla terra e a Dio. Ben solida, frenetica e proliferante, ansiosa e furibonda,

(11) Curzio Malaparte (1898-1957) – "La pelle" 1949

labile, disperata e gioiosa tanto da essere pronta a farsi città moderna. Con la sua umanità di sempre, erede del meglio di ciò che è trascorso e capace di vedere oltre il proprio stesso modo di concepire la vita: armonia dialettica e dinamica degli opposti che dall'uno torna all'altro e dall'altro all'una in un onnipresente ironia sugli orgogli, le vanità, le pretese e le follie degli illusi. Odore di mare, profumo di sacro e di libertà. Che meraviglia! Fratello vieni nella mia città. Ti aspetto. Sono convinto che quando la conoscerai finalmente di persona anche tu, così come anche è capitato a me, te ne invaghirai, l'amerai e ti sentirai amato e non avrai più bisogno di fuggire di gente in gente per trovare la libertà e l'amore. La vita è un andare e un tornare.

L'importante è saper il posto dove fermarsi. Ora tu lo sai. Fratello, cittadino, immigrato, straniero, chiunque tu sia non crucciarti se avrai qualche riserva mentale per comprendere l'onestà e il motivo di questo invito. Forse ti trovi ancora in una prospettiva culturale legata a pregiudizio negativo nei confronti di questa realtà umana che nei secoli si è diffusa nel mondo e si è fatta apprezzare per la sua laboriosità e solidalità. Correggi dunque la tua visuale offuscata e tutto ti sarà comprensibile. Intanto taci. Perché? No, no non voglio saperlo anche se queste due sillabe sono come due punte infuocate che perforano nel cervello e nel cuore ma ti prego non rimanere incantato come se fossi di fronte alle lancette dei secondi di un orologio sperando di vedere l'ora. Ragiona.

Parole come mare, profumo, sacro, libertà, Dio evocano l'amore. L'assoluto infinito e splendente. Che divora e risana. Tutto per te? Forse. Vieni dunque. Sei il benvenuto. E se qualcuna di queste parole ti piace e ti intriga esulta e abbandonati nel tuo sogno come una festuca si abbandona alla fiumana. Stai sperimentando quanto di meglio va conosciuto: la ricchezza del tuo cuore che è calore, colore, silenzio, sussurro, grido, gioia. È nel tuo cuore che troverai la consolazione che è felicità e occasione, per riprendere il dialogo interrotto con la tua anima flessibile e proteiforme lontano dal fragore del mare in tempesta e dal silenzio della vita piatta. E così potrai guardare, libero dalla passione e dal pregiudizio, anche la tua coscienza che pur essa ha raggiunto e conquistato una atarattica sensibilità e una perfetta tranquillità e serenità dello spirito al di là del sogno d'infinito e dell'incognita dell'avventuroso viaggio dell'esistenza oltre la fantasia oltre l'attimo fuggente, oltre il sogno, l'ironia e mascheramento. Giorno dopo giorno, minuto dopo minuto finalmente potrai creare la tua nuova vita e potrai immergerti anima e corpo nella vita della città. Ecco che Neapolis la mia città, è anche tua. E se il tuo cuore è in affanno, fermalo. E gioisci! non stai sognando. Il sentiero è tracciato. E se per caso è ancora compresso nel groviglio di false verità,di delusioni e tormenti della tua anima non disperare. Abbi fede. Tutto si aggiusterà. Eri prigioniero di pregiudizi. Ma ora ti prego svegliati! e respira forte. Goditi l'armonia, l'immensità e il profumo della libertà conquistata. Non senti l'odore meraviglioso che si espande per l'aria? non senti il suo richiamo? ma si che lo senti!

Ecco che il tuo cuore comincia a battere forte e a scalpitare. Vieni dunque. E porta con te, ben stretta, la tua fantasia, la tua umanità, i tuoi sogni, e soprattutto l'infinita naturale tua capacità di metamorfosi, anche se moderatamente ambigua, ma sicuramente cangiante, ingegnosa e mobile come la realtà di questa sacra città. Non santa beninteso. Ma ingegnosa e nobile. Si!

Oltre che ricca di naturale abilità, furbizia e intelligenza come se fosse una conchiglia che serba il suono del mare, essenziale come l'amore, quello che muta le carte in tavola, quello che scompagina l'ordine prestabilito e cambia l'indice programmato della realtà come in uno specchio deformante. Così tra contraddizioni e fascino anche la costellazione della napoletanità ritrae la complessa e radiante identità di ciascuno di noi. Èd è un fatto questo di cui sei consapevole anche tu. Non è così mio caro amico?

Vedo che annuisci. Quante volte del resto abbiamo parlato delle nostre emozioni, delle nostre sensazioni più intime, incerte e fuggevoli e quante volte abbiamo valutato che, anche se comune a tutta l'umanità, a Napoli assumono un valore diverso, specifico e particolare specie per la sua capacità di adattarsi all'ambiente, alle circostanze varie e improvvise e crescere perfino nei momenti bui. E

Napoli, panorama preso dal Vomero - opera colorizzata di Brogi Giacomo (1822-1881)

questo lo sai bene. Infatti hai sempre ribadito con convinzione che la lunga storia ininterrotta di questa città ne fa un caso unico al mondo.

È la vita che viviamo tutti i giorni e a volte non riusciamo quasi a vedere noi stessi e a riconoscere in queste capacità naturali i passaggi cruciali delle vicende che ci riguardano e della storia che scorre. È sempre in fieri la capitalizzazione delle elleniche origini e la promozione di una certa continuità rispetto al passato connotate di tanti valori universali che narrano di luoghi appartati, lontani dalle autostrade, terre nascoste, ricche di meraviglie naturali e umane, di riti misteriosi e variopinti, di pregiudizi e di credenze che rivelano lati insospettati, esperienze invidiabili e temibili avventure tra le folate di cenere lassù o su e giù per il Vesuvio.

Capitolo undicesimo

TRADIZIONI E CONTRADDIZIONI

*Megale Hellàs (Magna Grecia) è
l'espressione che definisce insieme un
territorio e una fase della civiltà
nata dall'incontro tra gli abitanti
autoctoni del sud, dell'Italia antica
con i Greci, portatori di una raffinata
cultura. Napoli ne ha usufruito
a piene mani e la perpetua ancora
oggi giorno per giorno contribuendo a
far evolvere ed arricchire la cultura
dell'intera penisola, a farla reagire agli
eventi storici ed adattare a nuove conseguenze.*

Una straordinaria ricchezza di testimonianze archeologiche e artistiche, di culture sovrapposte e integrate hanno generato un sorprendente caleidoscopio di civiltà, tradizioni e identità nobilmente popolari intrise di energia endogena, laboriosità e creatività, ben visibili nella tradizione musicale e nel sopravvivere ad ogni calamità ed invasione. "Un caleidoscopio" in continuo movimento in cui sono riconoscibili ora fasi di progresso ora fasi di regresso in cui la gente si interroga sulla propria vita fatta di affanni privati, di amori e desideri spesso dissipati. È quanto emerge in maniera chiara e precisa nella mia città, dove si mescolano e si fondano tradizione e contemporaneità, per la presenza viva, ancora oggi della diversità delle varie popolazioni che si sono succedute nel palinsesto della sua lunga storia continuamente in divenire, non solo per la peculiare concezione della vita civile, ma anche per la presenza del gran numero di abitanti che, concentrati in uno spazio relativamente ristretto, hanno inconsapevolmente dato vita nei secoli a un dinamismo culturale e sociale e a tante particolari situazioni uniche e originali sia di fronte alla vita vissuta che alla morte che a loro volta hanno creato una tessitura di echi, un luminoso viluppo di problemi e perplessità il cui infinito argomento è sempre quell'ordinato formicaio che è il Mondo. E hanno determinato anche e conservata quell'identità che ancora oggi, ben viva e vincente, resiste al delirio e alla furia del vento delle mode e dei modi di vivere. Troppo alta è la concezione della vita di volta in volta ritenuta sacra e colorita quando porta con se l'innocenza primordiale o una realtà cruda e rigorosa e quando porta con sé i detriti dell'abisso del male. È una percezione. Certo. E questo è un bene o un male? Che importa saperlo. La vita, si sa, è un andare e venire continuo. E non è che un addio come le foglie che lasciano l'albero in autunno, come il crepuscolo che abbandona il giorno inghiottito dalla notte, come il fuoco che si consuma nella brace: tutto avviene continuamente come dono inquietante e prodigioso della ciclicità della vita stessa. Già cala la notte: nessun miraggio da raggiungere. Solo riflessione sul tempo che scorre e sulla solitudine dell'anima. Spaventata e fuggitiva dai meandri degli intrighi di quel variegato palcoscenico del mondo globalizzato in cui si recitano ormai soltanto incredibili lussurie, esecrabili crudeltà, fastose pompe di dispotismo e populismi.

> *E 'a luna guarda e dice:*
> *"si fusse ancora overo!*
> *chist'è 'o popolo sincero*
> *ca... pur'isso se ne va"* [1]

Quanta malinconia! Quanta nostalgia! Sodalizio affettivo. Vita quotidiana. Anche io, ormai avanti negli anni, provo questi sentimenti, specie quando, passando davanti ai palazzi dove ho abitato da giovane, ritrovo il mio passato che era un altro mondo: memoria di fascinazioni, di immagini, di caratteri e di personaggi che si

(1) "o cunto 'e Mariarose –
canzone di Ernesto Murolo (1876-1939)

ingigantisce sempre più man mano che il tempo la vela con le sue nebbie. Il passato non resta per sempre. Passerà. E crea tristezza. Ma non mi sento solo. Come può esprimersi il mio cuore e far comprendere i miei sentimenti?

Ho l'impressione, d'un tratto, di essere in compagnia di tanta gente. Di quella gente semplice e sincera che ho conosciuto da ragazzo e provo con intima commozione e soddisfazione uno strano senso di protezione che diventa ristoro per la mia mente e contrappunto salvifico alle sofferenze e le violenze della vita. Il popolo di Napoli vive una vita semplice nei sentimenti e nelle azioni che si ritrovano nel palpito e nel tessuto unitario dell'intera città riuscendo paradossalmente a dimenticare le proprie sventure e a commuoversi di fronte a quelle degli altri: una brezza di mare di cui la gente ne avverte l'alito e anima la propria vita, nonostante le colate di lava, la pioggia di lapilli e la folata di cenere vera o pensata. Sì! è certamente il mio amore per Napoli che mi trasmette questi sentimenti e questo strano senso di protezione e fa vibrare il mio cuore di rifrazioni e di segrete rispondenze.

È un sogno di solari atmosfere e di intime passioni imbevute di suoni, di voci, di colori e di quel pulviscolo di musica silenzioso che colma come una marea la vuota concavità della mente e dell'anima: sogno di desideri inconsci che diventano con il passare degli anni sempre più forti e vivaci e irrompono durante il sonno e provocano numerosi sogni. Sicuramente vogliono significare qualcosa o far conoscere meglio pensieri nascosti o far emergere nevrosi inconsce o segrete rispondenze. Ma io non voglio capire ne voglio conoscerle.

Ho conosciuto Giovanna [2] e tanto mi basta. Non sono mai stato abbastanza coraggioso, determinato, sfrenato, dolce o amorevole come avrei voluto e potuto.

Ho solo giocato con le sfingi e le chimere. Poi è andata via. Ora è lassù lungo i pascoli del cielo lassù dove aleggia l'eco della melodia dei salmi e Ruah Eloim, Dio spirito che scrive i suoi silenzi. Non mi

(2) Giovanna Talone – disegnatrice – grafica pubblicitaria – pittrice (1940-2011)

ha più sorriso. Ma io continuo a chiamarla.

Le parlo mentre "dorme profondamente". Sta riposando e ho deciso che d'ora in poi non le parlerò più. Non voglio disturbarla con le mie stupide parole. Oh ma ecco che mi ritrovo con le mani giunte e a pregare. Quanti pensieri, quanti ricordi! Pensieri surreali e ricordi di gioventù che persistono nelle profonde cavità vuote della mia mente e della mia anima senza peccati anzi con tanti peccati e senza redenzioni. Ma perché non mi risponde?

Perché me lo chiedo? Sono desto o sto forse sognando? di chi sono ora io? La mia anima è ferita e tento in tutti i modi di ripararla. Intanto tutto intorno a me sembra in un ordine e in un silenzio magico ma la realtà è tutta un'altra cosa: è un pantano. Ed io debbo uscire e fuggire in fretta. Debbo fuggire. Si! Fuggire. Voglio lasciare dietro di me, fuori di me tutti i pensieri misteriosi e surreali che invadono il mio io limitato e che mi rattristano e mi schiaffeggiano e mi angustiano. Che angoscia poi avere la percezione di non essere libero neppure nei sogni dove è bello potersi rifugiare e provare emozioni in piena libertà come quando l'anima e la mente travolte da stati di ansia e da fobie e non riescono più a tenersi a galla ma che poi dolcemente con infinito piacere riescono ad attenuare le sofferenze e scivolare lungo la corrente del fiume dell'inconscio come una scorza di zucca affrancandosi dalla realtà e dalla gelida spietatezza del mondo. Che sollievo!

Percezione di se stessi e del mondo con la dimensione dell'inconscio in un' atmosfera di pace e di silenzio. Capirsi nel profondo per capire anche gli altri. Sostegno e limite per la crescita interiore. Ma ora so di sognare. Certo! Riconosco che sto sognando ma non sono in grado di influenzare l'esito del sogno stesso. So che prima o poi arriverà il momento in cui dovrò prendere atto della realtà, quella vera che è disperatamente noiosa perché è senza illusioni senza sogni e senza amore: essenza di quella parte, moros [3] moira, di tempo, consumata la quale la vita ha termine.

(3) nozione greca, complessa, che etimologicamente significa la parte, la porzione di vita che riguarda il destino di ciascuna persona.

Fine del viaggio e dei tentativi di fughe in luoghi sempre più lontani? Fine delle illusioni e delle follie? Né l'una e né l'altra cosa ma capacità di rivaleggiare con la grandiosità dell'una e la fantasia visionaria dell'altra. E sopravvivere in un percorso di vita a ritroso dove il tempo virtuale supera quello reale. Verso l'inizio e la fine di tutto.

Si staglia ancora in alto imponente come una quercia il vecchio platano. L'unico rimasto di tanti che ricordavano la piazza. Le ultime foglie rimaste ormai moribonde e tremanti sugli alti rami si distaccano da questi per andare a riposarsi nella grande spianata di Piazza Arenella. Così la chiamano tutti ma il suo nome è Piazza Muzi. E restano lì per terra, con la pelle ormai rugosa, accartocciate su se stesse come riccioli in cascata per difendersi dai primi freddi e dal vento che poi le porterà via in alto nel cielo dove finalmente potranno danzare e volteggiare libere e felici. È una radiosa solare giornata di fine estate. Come le foglie del vecchio platano, così un antico signore appare nel suo viaggio immobile tra aria e terra accompagnandosi sotto braccio ad una giovane bionda badante straniera distaccandosi dalla "salita delle due porte all'Arenella" per scendere poi lentamente, come portato da dolce brezza marina lungo l'omonima scalinata e andare a riposarsi su una delle panchine della piazza che gli occhi della sua mente contemplano attenti.

È con lui ben stretta per mano una nipotina. È stato professore di latino e greco al liceo Sannazaro. Ora è in pensione e vive con curiosità, inquietudine e stupore il vertiginoso cambiamento dei modi di vivere e dei pensieri della gente. E se ne lamenta, sussurrando alla sua giovane accompagnatrice che ovviamente non può comprenderlo: "Addò sta cchiù 'a semplicità 'e na vota? Addo sta cchiù o core 'e chistu popolo?" Una breve pausa poi tra sé e sé riprende: "Ce starà nata vota. Oh! Già me pare 'e senterc ancora Pusilleco e Marechiaro che cantano insieme cu stu popolo comme quanno, tantu tiempo fa, se cunnuliava into all'onne chiare e Marechiaro."

Il vecchio professore parla in dialetto forse per non farsi capire dalla badante ucraina. Un po' per celia e un po' per non apparire nostalgico. È il mito che si identifica col fluire della vita e della instabilità dei sentimenti delle nostre vite dormienti che addolciscono le pieghe di chi vede senza guardare. Sogno e intima passione.

Amore spontaneo per la propria terra.

Per la gente della propria città che si affaccia al nuovo mondo globalizzato non condiviso né accettato forse perché vi riconosce il proprio assurdo autoritratto e si adegua tra arcani e finzioni teatrali insieme con le bizzarre fantasie di una società che sta scrivendo il proprio epitaffio-testimonianza della grande crisi dei valori della vita. Si adegua dunque ma senza convinzione anzi tenta di reagire con una successione di messe a fuoco di episodi di vita quotidiana e di ideali di storia viva per cui la sua anima immutabile ovviamente resta qui a casa sua Napoli. È una vicenda concreta di sentimenti, di sogni collettivi, di intime passioni, di esistenze singolari e irriducibili declinate sotto il segno di un assoluta fedeltà a sé stesso e di un disincanto totale che non risparmia nulla. Come se fosse guidata dall'ombra di un demone ballerino. Ascoltando, osservando e imparando dalla propria anima.

E così i sentimenti e i sogni sorgono e tramontano in silenzio come le stelle nella notte e il confine tra realtà e illusioni. Diventa sempre più sottile, tra normalità e sregolatezza, tra gioco e dramma, tra vita trasmessa e vita vissuta: squarci di vita che si avvicinano alla parola di Dio e all'enigma della Sua clemenza e che fondendosi tra loro si compenetrano in un profondo liberatorio respiro dell'anima fiacca.

Fantasia creativa del popolo nutrita di tradizioni e che a buon diritto rifiuta il cattivo nuovo avendo conosciuto quel buono antico ancora oggi capace di guardare al futuro con speranza e fiducia. Senza ingenuità e senza arroganza con un bagaglio di esperienze incredibili e di preziose illusioni prese dalla miniera della propria anima ancora tutta da scavare.

Caro amico come puoi constatare parlo della mia città in maniera semplice senza enfasi e senza mai magnificare le conquiste sociali e culturali attraverso le quali si è articolata la sua storia civile e umana. Conquiste vere. Non ornamento politico delle varie epoche, ne capitoli di un bilancio che alla fine deve quadrare piuttosto segnali evidenti e significativi dell'essenza stessa della gente del popolo e delle generazioni. Poco importa se combatto da solo. Sento di doverlo fare e lo faccio senza curarmi del parere degli altri. Agisco per me stesso cercando di vedere in faccia la verità là verso ponente dove tramontano i miei pensieri cullati dalla luna e protetti dagli scudi della pazienza. È li che vanno a specchiarsi tra profumi e amori materni spesso rincorsi e desiderati e tante volte negati tra una compiaciuta attesa e la delusione del desiderio insoddisfatto

> *Omnis mundi creatura   Del mondo ogni creatura*
> *quasi liber et pictura   quasi libro e pittura*
> *nobis est, et speculum* [4]   *si fa a noi specchio*

Disincanto e incanto che muovono le ombre e le nuvole e i cavalli di nebbia, invisibili, fuori del tempo e dentro il tempo, come in uno specchio tra rimbalzi e riflessi sull'immortalità dell'apparizione.

Parentesi della vita mortale traforata da enigmi, false certezze diluite in mille e mille rivoli incontrollati e incontrollabili e da bugie e parole d'aria ormai corrotte che invadono e offuscano la memoria mascherandosi da verità.

Viaggio senza tempo nella città dell'anima. In barca naturalmente che come giaciglio dolcemente si muove nell'oceano dei sentimenti dove è facile naufragare come in un volo di fantasia.

La vita con tutte le sue alterne vicende, i suoi conflitti interni e la sua complessità è paradossalmente una integrazione di se stessa e ne trascende la realtà. Per questo motivo nessuno, che sia esso uno storico, un filosofo, un sociologo, un politico, anche se carico di informazioni di ogni genere, potrà mai comprendere l'importanza, il valore e la cultura del popolo di Napoli. Perché?

(4) Alanus de Insulis [Alano di Lilla, 1128-1203], Rhythmus in Patrologia latina CCX col.279

Perché ogni disagio della città, ogni confusione, ogni informazione di carattere economico o sociale ha concorso nel tempo alla formazione di pregiudizi che ne hanno poi dato una immagine falsata sia dal punto di vista storico che culturale e umano.

Ma la storia, quella che è considerata maestra di vita, non mente. Neppure quando l'alternanza delle generazioni riscrive la sua propria storia nello stesso modo in cui rimedita la propria cultura e analizza i valori che più rispecchiano il tempo e i mutamenti della mentalità complessiva della gente e le vicende della vita civile. Ma Napoli ha una storia tutta sua da raccontare perché "rappresenta qualcosa di comune a tutti gli uomini… un aspetto della natura umana e una cadenza della sua storia." [5]

Per quanto riguarda la storia di un popolo inquieto come quello napoletano forse non sono possibili nemmeno consuntivi, giacché i conti sono sempre aperti e neppure sono possibili preventivi giacché la sua storia com'è noto è immensamente ricca di svolte e di scarti imprevedibili. E la vivacità e il dinamismo che si respira nelle strade raccontano lo spirito di questo popolo colto, vivace e romantico legato alla tradizione.

E questo lo sa bene chi è nato e vissuto in questa già capitale del Regno duo-siciliano e conosce in presa diretta quanto realmente è accaduto nel passato e quanto accade, senza retorica, nella vita contemporanea e vive in una dimensione umana unica e si gode la vita nella sua familiare e ingenua sacralità tra dolcezza e misteri tra cielo e inferno.

Ed ecco che allora la sola e semplice visione della perlacea luce mattutina diventa un vero godimento per l'anima e stabilisce un misterioso rapporto metafisico con l'infinito. Non con un mondo fantastico o visionario che può produrre confusione o altissimo veggente o nirvana delle idee e del pensiero o espressionismo senza dramma, ma gioia e amore quello che si dona, si riceve e si restituisce. Gioia di vivere insomma che è socialità, solidarietà, partecipazione. Virtù della gratuità ormai talmente sconosciuta ai più. Il passato con i suoi

(5) Vittorini Elio (1908-1966) – racconto

spossanti languori, vizi e virtù, bellezze non complessate dall'ellenica memoria, processioni e apparizioni della Madonna vengono vissute nel miraggio di un presente dal valore storico e di messa in mora delle mode che si impongono nelle abitudini e nelle usanze della vita tradizionale.

Solo per pure conformità al gusto del tempo. E quindi il valore storico diventa sinonimo di cultura non celebrazione storica che è compiacimento di un passato ma l'insieme dei valori, delle tradizioni e dei costumi come fondamento per il futuro da un lato e il rispecchiamento e la testimonianza dell'esistenza stessa dell'uomo che cerca se stesso, spesso a fatica, nel lavoro e nell'amore per il prossimo e ne caratterizzano la vita sociale. Duplice sensibilità: da un lato manifestazione spasmodica passionale, dall'altro intimi moti dell'anima che giungono a una familiarità domestica dei moti stessi e che per questo minacciano il senso stesso del suo afflato. Misterioso, erotico, magnetico ma non la bellezza dell'intelligenza. Eleganze, mollezze e isterismi di una città vulcanica dall'immenso e prezioso patrimonio d'arte, di paradisi perduti, diluvi, incendi, terremoti e crepuscoli di civiltà: questa è la mia città: semplice naturale e consueta senza sforzo nè artifici. Sempre così. Da sempre. Nuda come la verità, leggiadra come uno spicchio di luna. Piena di imperfezioni è vero! Ma capace di accompagnare le proprie azioni ad un senso di umanità anche quando si tratta di risolvere questioni complesse e in cui sono presenti aspetti negativi del contendere come invidia, gelosia, superstizione, distrazione.

E quando deciderai di venire a Napoli, amico mio, sicuramente vi entrerai con queste considerazioni e con sentimenti contrastanti. Ma saranno tanto intensi quali nessuna altra città ti darà mai. Vedrai che una traccia di questi rimarrà per sempre nel tuo cuore. Anche questo lo sai o te lo prefiguri.

Mi hai fatto sapere che ben volentieri sacrificherai la conoscenza diretta di monumenti, chiese, zone archeologiche e gai ritrovi desiderando tu conoscere soprattutto il carattere più "intimo della città" quello che si può riscontrare nei vecchi vicoli, in oscuri palazzi e in

Napoli, Chiaia

chiese fuori mano. Non impressioni che si assommano e che la memoria riesce poi a sottrarre al tempo. Il ricordo della mia città è parte essenziale di noi stessi. Della parte antica per un verso e della parte nuova per un altro in quanto in noi da sempre prefigurata per l'atmosfera che si respira nella sua continua osmosi dell'elemento antico con l'elemento moderno con i suoni, i colori, la magia e la fatalità della quotidianità. Apriti ai doni che essa vorrà offrirti. Apriti a più riprese come appunto si fa con i ricordi o con atmosfere e sogni che da sempre si prefigurano.

È città di apparizione e sorprese. Ricordalo. Devi guardare e spiare in ogni direzione soprattutto verso il basso per scoprire architetture barocche e rinascimentali tutte insieme. Il che corrisponde esattamente all'immagine che hai della città vecchia dei decumani. Ma ce n'è una nuova. Anzi due: Napoli sotterranea e quella delle stazioni della metropolitana. Non limitarti a guardare con gli occhi della testa perché ti perderesti negli spazi vuoti e gli angoli bui delle antiche dimore. Guarda anche con gli occhi del cuore lasciandoti guidare dalle sottili tracce dei raggi di luna, da una luce o dai suoni che forse ti condurranno in qualche angolo di antica magia, in una dimensione della tua fantasia.

Un antico proverbio orientale dice "non chiedere del mercato mentre stai andando sulla sua strada". È tutta una illusione, un sogno, un apparizione? Forse!

Certo è che rispecchiano vizi e virtù dei napoletani e della loro voglia di spaziare nella fertile fantasia e in una carica di prorompente vitalità unica al mondo. Napoli affascina prima ancora di essere amata. Per la grazia della sua gente e il senso di ospitalità familiare, sinceramente sentite. È come fosse una città di uomini ma abitata da una grazia femminile così dolce che ricorda le omeriche ammalianti sirene immaginate sempre vive e presenti nel golfo. Qui cultura, tradizioni, innovazioni e la giusta filosofia del buon vivere creano tempi, ritmi, voglia di vivere, di amare e di essere amati. Per tutto questo Napoli affascina prima ancora di essere amata. Città dell'anima.

Città della libertà dove ognuno dà il proprio meglio e il proprio peggio come se fosse in un laboratorio naturale e si concede attimi di spensieratezza immaginando di volare in alto nel cielo. Felice.

Nel sogno ognuno è capace di compiere azioni immaginarie e soddisfare desideri diversamente irrealizzabili. La notte è passata e l'incipiente mattino dissipa gli ultimi fantasmi. La città comincia a svegliarsi. Le finestre delle antiche dimore si aprono sul vecchio quartiere con il via vai dei primi venditori ambulanti, e il rumoreggiare delle botteghe degli artigiani che iniziano il lavoro della loro attività.

C'è già tanta gente che si avvia al lavoro e man mano che passano le ore c'è anche quella che compra o passeggia lasciandosi abbracciare dalle grandi folate d'amore e di vita ammantate da un'aura di mistero che con l'inizio del nuovo giorno attivandosi sembra che evochino antiche leggende e segreti piaceri. Ma anche emozioni. Non c'è nulla a Napoli che rappresenti i cittadini più delle loro case dove una grazia ambigua s'acquatta come una divinità scherzosa e delle loro strade sacre dove complici gli intricati labirinti dei vicoli e vicoletti e le botteghe, si vive come in un museo a cielo aperto dell'anima e del popolo è una sensazione viva e intrigante il risveglio della città e come vivere insieme il passato e il presente in queste sue strade e in queste sue strette viuzze che pur serrando le case in una rete inestricabile la vita sembra che si diluisca in un sorridente millenario cicaleccio nella calma della natura. È una sensazione così viva che diventa consolazione, godimento e felicità familiare forse ingenua ma che scaccia i cattivi pensieri e con qualche pizzico di malinconia che sempre resta in fondo all'anima. Quanta differenza separa la serenità dello spirito semplice di ciascuno di noi dalla febbre dell'esaltazione della vanagloria, e della ricchezza e della sua inutile meschina ostentazione e dal "vivere soltanto per il momento, prestando piena attenzione ai piaceri della luna, della neve, dei fiori di ciliegio e delle foglie d'acero, cantare canzoni, bere vino e provare piaceri soltanto nel fluttuare senza curarsi minimamente della povertà che grida in faccia e rifiuta di lasciarsi prendere dalla malinconia…" [6].

Ecco allora che vivere nella mia città è come vivere in un grande complesso condominiale con tanti piccoli appartamenti, scale segrete, porte e vani chiusi come enigmi dove sono stati stipati antichi mobili in disuso e cianfrusaglie non più utilizzabili ma lì relegati come inalienabili ricordi… di famiglia. "Il condominio" rivela allora il suo segreto, quello di essere come una unica "famiglia" che si identifica con la "casa": l'involucro della propria personale vita e della propria storia fatta di fede, d'intelligenza e patimenti, di amori sacri e profani, di furori e di energie spirituali, di passioni e di sentimenti e che come se fossero dei led si accendono e si spengono a intermittenza dando così l'impressione di vivere anch'essi un proprio autonomo palpito vitale ben legato al cielo e alla terra: cosmogonia della vita.

Si fa sera. È il momento in cui gli uccelli passano e ripassano un ultima volta in un cielo al crepuscolo. È tempo della meditazione del raccoglimento quello vissuto tra le tentazioni del mondo e la devo-

---

(6) *Asai Ryoi – racconti del mondo fluttuante (1662). Il mondo fluttuante in giapponese UKIYO-E nel medioevo indicava l'impermanenza del mondo lacrimevole dell'esistenza quotidiana a cui non si doveva rimanere vincolati.*

zione per i santi. Napoli è un mondo che come un prodigio agisce sull'animo sempre anche quando andiamo di qua e di là per le strade e ogni giorno è un "nuovo giorno" e tutti i giorni restano per questo nei pensieri e nei sogni di ciascuno come se fosse uno spaccato di tutte le sorti del mondo e della insufficienza della condizione umana ma non per questo è meno bello "viverla", conoscerla, amarla e desiderare sempre di ritrovarsi così come si desidera ritornare nella propria casa.

Quella dei ricordi dei primi anni di vita e quindi dell'innocenza, della tolleranza e della comprensione quella dove troverai sempre qualcuno che sa ascoltare il gemito di chi è povero, il lamento del lavoratore quando è stanco e il sospiro di chi soffre in silenzio. Verrà il giorno in cui realizzerai il tuo sogno di conoscere Napoli: viaggio tanto desiderato e voluto forse ubbidendo segretamente ad un tuo duplice progetto, quello che da un lato prevede di approfondire le notizie storiche di cui sei già a conoscenza ma che, per quello che mi hai già riferito, vanno controllate e documentate periodicamente trattandosi di una metropoli notoriamente proliferante, eccessiva e contraddittoria; e quello che dall'altro tende a capire, riflettere e studiare dall'interno la realtà, quella quotidiana nelle pieghe problematiche, eterogenee e molteplici che incredibilmente resistono alle difficoltà della vita civile e istituzionale, della provvisorietà e della precarietà. Ed ecco allora che la mia città secondo tali congetture oltre ad essere considerata la città dell'anima diventerebbe per un intellettuale come te un luogo mentale, un espressione di libertà. Ebbene si! È una eventualità plausibile. Vieni presto dunque. Sarà l'inizio di un cammino senza tempo che arricchirà la tua mente e addolcirà le increspature di quell'oceano di sensazione senza confini che è la tua anima che come gabbiano posato sull'acqua si lascia portare dove vanno le onde: nel cuore del mondo. Stupore di un sogno. Quello vero: silenzi di mare e di cielo e carezze del vento fra le nuvole e il sole immaginati possibili anche in un mondo di persone smarrite e senza fede e di templi profanati o distrutti. Stupore di un sogno o sottigliezze della coscienza? Chissà! Poi si vedrà. Tu comunque continua a sognare.

Chiudi gli occhi e vedrai che tutto quanto dentro di te è ancora confuso e oscuro presto si schiarirà e comincerai a capire.

Dimentica te stesso, la tua storia, la tua persona fisica e identificati con il tuo sogno. Vedrai come ti sentirai leggero nello spirito e nella mente e sentirai anche di avere una forza nuova, incredibile: la forza dell'amore quello vero capace di squarciare la grande nube dell'ignoranza e della presunzione, delle false verità e della superstizione, delle false tradizioni e della pseudo modernità.

Potrai constatare di persona che tutta la mia descrizione della città corrisponde esattamente alla realtà cioè a quel quadro pungente di una Napoli in bilico tra tradizione e modernità che insieme, per gioco, ti invito a immaginarle come due soli tasselli, forse tre da inserire in un mosaico immaginario e incompleto per mancanza delle altre novantotto o novantasette. Ti potrai chiedere allora "come sarebbe il riquadro o se potessi rimettere in ordine tutti i tasselli occorrenti per il completamento? " Forse come una cartolina. Forse.

Ma in qualsiasi modo la tua fantasia potrà immaginare la "cartolina completata" non rimarrai deluso quando confronterai l'immagine idealizzata con la realtà. Gioco enigmatico della tua fantasia e gioco enigmatico della città, in parallelo, della sua realtà. Solo tu amico mio, potrai porre fuori gioco qualsiasi tipo di condizionamento dei falsi giudizi e di quei pregiudizi ormai canonizzati in sistemi e repertori più o meno banalizzanti. Solo tu potrai sbugiardare quei denigratori viscidi di livore e gelosia additando loro la qualità della vita semplice vissuta dalla gente di questa città in ogni sua strada da cui è facile vedere sgorgare visioni e parole, musiche e contemplazioni. Finalmente! Ecco la mia città sulla sua vita che ha forma di fuoco d'artificio, vulcanico, ma portata in volo da mille e mille farfalle e cullata dal vento dolce di zefiro. Fuoco quotidiano ripetuto come un rito, o come rosario pagano che si richiama alla grazia divina.

Quante parole! Dolce o amare non importa perché sono sempre parole d'amore. Di quello vero capace di squarciare la grande nube dell'ignoranza, dell'invidia e della gelosia. Fuori dal tempo e dalla storia. Una storia, tante storie. Apparentemente eterogenee ma accomunate dalla stessa vocazione: l'amore per la propria terra che oggi più che mai si rappresenta come un laboratorio creativo, una fabbrica di idee per riscoprire una volta di più se stessi e le anime che hanno contraddistinto nel tempo il valore e il significato della vita di questa città. E arrivare all'oggi e alla radice profonda del suo patrimonio culturale della sua capacità visionaria per tentare di capire sopratutto come sia stato possibile che, pur cresciuta in dimensioni e complessità, abbia conservato nei secoli lo spirito ellenico delle sue antiche origini come preziosi geroglifici del cosmo della verità. Forse per questi motivi Napoli ti appariva come una "bell'addormentata" che pigramente riposa.

Che tutto ha visto senza mai muovere gli occhi e ci consegna oggi spavaldamente la storia meravigliosa della sua vita. Storia di un viaggio senza tempo compiuto nel suo giaciglio di luce e di aria fine. Isola in un oceano in movimento all'ombra del Vesuvio dove attraverso l'amore e attraverso le vie rette dall'anima a quelle tortuose degli intellettuali boriosi ha attinto alla condizione divina. Fuoco quotidiano ripetuto come un rito o come lo sgranellare di un antico rosario che sempre più avvicina alla contemplazione della grazia divina che è in ciascuno di noi e che immaginiamo di colore azzurro come il mare pur sapendola priva di colore, di dimensione e indivisibile nella magia della luce e dell'aria fine: libertà del pensiero, stella polare che guida attenzione e tensione, incanto e disincanto, muove le nuvole invisibili della sacralità della vita e riflette il sovrumano scevro delle modestie della costrizione umana. Immaginazione o visione? Chissà!

Forse una breve virata nella realtà per vivere una vita fuori dal tempo o dentro il tempo. Una propria legittimità che permette poi quella continua simbiosi tra laico e sacro, tra l'attimo fuggente e la millenaria contemplazione della compiaciuta origine che costituisce l'identità della gente di Napoli e della sua filosofia del buon vivere trasparente come l'aria che respira e orgogliosa della propria identità storica.che le consente di affrontare adeguatamente il proprio presente e il proprio futuro. Ed ecco che ora il tuo mosaico immaginario, sebbene incompleto, si fa ugualmente immagine d'immagine: un non luogo non un mero esercizio retorico né un gioco mondano di evocazioni devitalizzate per curare conferme o quelle differenze fluide che pigramente vengono chiamate identità. Ma il tuo viaggio caro amico mio è vita. Non altro. È immedesimazione nell'anima della città, è spogliarsi dei giudizi preconfezionati, è capirne la memoria, è conoscerla per amarla non per assassinarla. So che ormai sei già nello stato d'animo più propizio per questo tuo soggiorno nella mia città, ti trovi cioè in quello stato d'animo magico del disincanto che è condizione spirituale dell'incanto ancora possibile anche di fronte ai rumori, agli odori e allo scalpiccio del popolo che vive e cammina, cioè, quelle categorie abusate dallo snobismo dei denigratori per offendere non sapendo che confluiscono e si fondono tra loro per stordire, per togliere qualsiasi difesa alle menti ottenebrate dove non albergano più gli antichi dei che incuranti della loro meschinità dormono tranquilli cullati dalle dolci melodie delle sirene e sognano Omero: mito tenace che si è sedimentato in un luogo comune, luogo della memoria, luogo buono, luogo del buon vivere dell'antica saggezza, della gente semplice di cuore e di mente. Dunque sei già pronto per la partenza. Buon viaggio.

Vedrai sarà il tuo più bel viaggio che farai nel corso della tua vita perché è un viaggio unico nello spazio e nel tempo come un pellegrinaggio attraverso riti e culti in cui risuonerà per te l'eco dell'immaginario pensato: estasi, stimmate, icone sanguinanti, guarigioni miracolose, demoni scacciati tra mistero, religione e magia e soprattutto potrai sentire vibrare nel profondo del tuo animo le arcane profondità del *genius loci*, l'antico respiro di un popolo antico che ancora conserva vestigia palpitanti di arte e di storia e di sacre bellezze naturali che elevano lo spirito e la mente alla clemenza divina. La tua sarà veridicità di una testimonianza e dichiarazione di principio, di visioni, capricci e follie tutti di grande umanità che faranno spalancare le porte del tuo cuore e faranno volare le sue gioie al di sopra di ogni pensiero e dei silenzi dell'anima.

Luogo comune dunque di gente semplice di cuore e di mente. Ed ecco che da uno dei cassettini della memoria, come per magia, appaiono alcuni tasselli che potranno sicuramente darti la possibilità di avvicinarti, con la fantasia, al completamento del "mosaico-cartolina" del tuo viaggio. Si tratta di storie di persone semplici che danno significato e consistenza a tutte queste mie considerazioni. Un giorno di tanti anni fa un povero uomo, così come faceva abitualmente, si allontanò dalla sua casa di campagna per recarsi in città nella speranza di guadagnarsi qualcosa per vivere.

Cammin facendo si trovò a passare d'avanti a una trattoria dove si stava arrostendo della carne per il pranzo. Il profumo era intenso e il fumo dell'arrosto era invitante. Fu così che il pover'uomo si soffermò per qualche istante d'avanti all'uscio della trattoria e respirò a pieni polmoni quel profumo e quell'odore di carne arrostita. Grande fu il disappunto dell'oste che lo denunciò all'autorità giudiziaria per "appropriazione indebita di fumo e di profumo di arrosto". Incredibile ma vero! Malafede, o opportunismo insieme a tante idee confuse dovettero balenare nella mente dell'oste che lo portarono fuori da ogni logica di razionalità. E per il suo zelo eccessivamente severo fu indetto un processo. Nel giorno convenuto si presentarono davanti alla Gran corte della Vicaria sia l'oste che l'accusato. Vale appena ricordare che alla Gran corte della Vicaria, il tribunale della città, non fu mai innalzato a valore di legge la fantasia e gli opportunismi di uomini senza scrupoli. Il giudice dopo il rituale previsto per queste udienze chiamò a deporre per primo il pover'uomo accusato di tanta "infamia": aver respirato a pieni polmoni il fumo emesso dall'arrosto dell'oste. Ma fu piena confessione seppure con una decorativa verità. Era tutto vero. L'odore e il profumo intenso emanate dalla carne arrostita lo avevano indotto alla inspirazione del fumo e del profumo, quasi inconsapevolmente. Fu poi ascoltato l'accusatore, il quale richiedeva per il presunto danno subito un risarcimento danni valutato, a suo dire, in trenta denari. A questo punto il giudice della Gran corte mostrò una borsetta che gli aveva consegnato l'accusato e contenente i trenta denari richiesti dall'accusa e li fece tintinnare ben bene. Poi chiese all'oste se ne aveva percepito il suono.

L'oste soddisfatto disse di si pensando che avrebbe riscosso quanto da lui richiesto in nome della legge non sapendo, forse, che con il suo comportamento aveva rinunciato a qualsiasi sentimento di onestà e di quella semplice saggezza del buon padre di famiglia. Finalmente il giudice emise la sentenza: l'accusato fu scagionato da ogni reato contestato per non aver commesso il fatto in quanto non si era appropriato dell'arrosto ma ne aveva soltanto aspirato l'odore e il profumo fatto che non costituisce reato.

La richiesta dell'oste di un risarcimento fu rigettata perché in realtà non aveva subito alcun danno. Il giudice infatti rimarcò bene la motivazione della sentenza concludendo: "il tintinnio dei denari ascoltato dall'oste nel corso dell'udienza, equivaleva al respiro del fumo dell'arrosto e quindi l'una cosa elideva l'altra". Una vera e propria lezione di vivere civile. Fu una sentenza giusta o parodistica? Chissà!

Sicuramente fu una sentenza salomonica emessa nel rispetto della persona umana e delle procedure processuali che nello specifico si identificarono con le prove, le circostanze, il dubbio e il contraddittorio e l'abilità greca di giudicare secondo logica. Erano altri tempi. Erano tempi in cui erano ancora presenti la buona fede e l'onestà intellettuale di chi aveva pubblica responsabilità. Le leggi nascevano dal buon senso e dalla ragione e diventavano poi ragione. Ora bisogna sperare che sia così anche per il futuro. Ho detto sperare e non sparare. Storia di un fatto semplice ma rappresentativo che puoi: considerare come un'utile tassello per il tuo mosaico. Spero che sarai d'accordo.

Valuta tu. Intanto se credi mettilo da parte, per ora, perché te ne ho riservato ancora qualche altro in modo che uniti ti daranno la possibilità di avere una immagine più precisa e veritiera della tua unica personale "cartolina" di Napoli, allargandone la prospettiva e completandone il disegno e una panoramica vista da maggiore altezza ed evitare così di rimanere abbagliato dagli sbalorditivi contrasti di colore di luci e di ombre, o di rimanere impressionato dal clamore e dal silenzio, dalla povertà e dalla ricchezza: magiche corrispondenze capaci di rilevare l'autentico substrato di certe dicerie così come delle menzogne al fondo di una sacrosanta verità.

Come ben sai Napoli ha una lunga storia fatta da invasioni e dominazioni straniere. È rimasta pressoché assopita sotto la Spagna per ridestarsi con Asburgo e Napoleonidi, ma, sempre gelosa del suo essere e distaccata custode della sua peculiare cultura per cui ancora oggi continua ad essere la sua silenziosa custode dell'eredità di ex capitale di un grande regno ingiustamente dimenticato a solo vantaggio della chiassosa nomea di capitale di un Sud povero a cui la sorte o Dio nella sua imperscrutabilità non volle concedere la ricchezza ma la quiete dell'anima, il genio, la sventura e il dolore, la gioia e la rassegnazione nella sfida contro le avversità della natura e della storia. Ma ecco il nuovo tassello. Ricostruisce un fatto di costume apparentemente minimo ma con una peculiarità o caratteristica costante del popolo napoletano relativamente a quella che viene detta "arte di vivere" con tutta la "ricchezza di contraddizioni".

Il personaggio-tassello preso ad esempio è un cuoco, un semplice cuoco, ai suoi tempi conosciuto in mezzo mondo per le sue capacità professionali. È un cuoco napoletano ovviamente che, con il suo modo di fare, fissa in maniera definitiva quella confusione che si crea fra la notorietà di una persona ed il suo modo di essere controcorrente rispetto all'immaginazione che rappresenta: uno, "nessuno e centomila". E la maniera ironica è il tempo che è cambiato o che sembra rimanere immobile nella costante sociale in cui vive, complessa e contraddittoria per la sua irrequietezza intellettuale, l'insaziabile curiosità, l'eleganza del pensiero e il grande amore per la propria terra sofferente per antiche manchevolezze e magagne, ne fa un personaggio emblematico come sospeso in un perfetto equilibrio tra costume, gestualità e fluire del reale che diviene documento, cronaca, cultura e memoria.

È la *faceless crowd* – la gente comune che viene alla ribalta con il suo aspetto reale senza la mediazione della fantasia dei romanzieri o del raziocinio dei sociologi nel tentativo di capire circostanze e persone quando esse sono forse intente a modellarsi una propria identità umana sottraendola alla convulsa banalità del ritmo quotidiano di una vita incomprensibilmente frenetica, nevrotica e precaria. È in tale contesto che assume significato emblematico l'arte di lavorare del nostro cuoco. È può ben rappresentare l'arte di arrangiarsi di un intera città dove la follia agita il suo sonaglio e le spalanca dinanzi i paradisi bizzarri dove gli uomini si rinchiudono per sfuggire ai tanti piaceri della vita.

Ma che significa l'arte di arrangiarsi? Ce lo spiega con il suo lavoro il nostro cuoco. Esiste un rapporto molto stretto tra la sua persona e il suo lavoro: la persona configura l'attività lavorativa con il suo carattere, la sua visione del bene comune, le sue ambizioni professionali; ma il lavoro a sua volta influisce sulle persone e ne modifica i sentimenti e i comportamenti e ne fa un artista sui generis. Questo rapporto di reciprocità non è un eccezione. Può accadere a ciascuno di noi. Eccola dunque l'arte di arrangiarsi del nostro cuoco, custode del suo mestiere anzi suo salvatore.

Eroe barbaro? Chissà! Se in occasione di un pranzo particolarmente importante si prevedeva che i commensali sarebbero stati cinquanta, sessanta al massimo e invece ne arrivavano il doppio il nostro cuoco che aveva a disposizione solo un quarto di manzo, sufficiente per servire non più di quaranta ospiti non si perdeva d'animo. Si toglieva d'impiccio con espedienti escogitati al momento. E nel caso specifico, fatti certi suoi "calcoli", con accorgimenti misteriosi degni della fantasia esoterica del Principe di San Severo Raimondo di Sangro, incominciava a tagliare, battere, macerare, insaporire e soprattutto a modellare dimostrando quanto sia utile la pienezza dell'intelletto e della sua immaginazione per rendere possibile l'impossibile.

E così da quell'unico carcame riusciva a tirar fuori fette di arrosto per tutti. E non solo. Riusciva perfino a tirar fuori cotolette alla Villeroy, stufatino all'irlandese e succulenti incredibili spiedini di allodole e teneri fegatini di pollo e selvaggina ben frullata. Quel quarto di manzo diventava un vero e proprio miracoloso dono di Dio se riusciva a tirarne fuori perfino dorate triglie preparate alla livornese, naturalmente.

Stupore e meraviglia per tanta grazia di Dio. E stupore e meraviglia per il fatto che ognuno apprezzava e lodava quell'ardente crogiolo di vita dura quanto creativa. Il locale era sempre affollato e richiesto per pranzi e cerimonie ufficiali. Il successo era sempre assicurato. Il nostro era uno dei tanti bravi cuochi napoletani che tradizionalmente prestano la loro opera in tutti i più importanti locali del mondo. Era sopranominato " lo squalo" potente sorgente di forza, di armonie e di colori, di sapori. Di cose viziose e pazze, morali e favolose. Ancora oggi esistono personaggi di questo genere nella mia città e sono richiestissimi. Somigliano molto a Napoli. Alla sua anima. Anzi alle sue anime e a quelle a cui ricorrono le nostre dimestichezze mentali pensando a questi lavoratori non rari della città o a quel sottobosco di illiceità che pervade alcune rumorose strade e certi ingarbugliati quartieri dalle mille sfumature dove comunque viene sempre fuori quella inventiva barocca che tutti hanno sempre riconosciuta ai napoletani come propria ed espressione di quel peculiare spirito positivo sempre presente e che trova miracolosamente continuità e unità di intenti nella gran voglia di vivere dell'intero popolo. Immagine di vitalismo. Intenzione di conoscenza. Intuitiva, enigmatica, esoterica immagine di una sapienza che non si limita a discutibili manipolazioni e trasformazioni in "grottesche" per soddisfare forse capricci estetici quanto piuttosto per soddisfare il piacere di saper esprimere concetti attraverso l'uso della materia come se questa avesse un' anima: immagine dell'effervescente cultura napoletana.

Ma quanti fari sono puntati su questa effervescente cultura della mia città e con quante esagerazioni si sono esercitate e tutt'oggi si esercitano le fulminanti penne di ipocriti e banali gazzettieri nel tentativo di un interpetrazionismo di comodo! Ma che importa se nei loro cuori non c'è luce e che non conoscono neppure loro stessi. Ciò che conta è l'ansia di capire oggi più che mai le cause che con il progresso tecnologico stanno determinando la clamorosa perdita di identità sia delle singole persone sia dei popoli con una consequenziale possibilità di un clivage sociale e di un nuovo "antidreyfusismo" dagli imprevedibili sviluppi per la vita civile e democratica dei singoli e dei popoli. Addio napoletanità? No. Non credo proprio che possa verificarsi una tale eventualità. Napoli per la natura stessa del popolo sempre in bilico tra la peculiarità della gestualità, la malinconia della riflessione e oggi la necessità di inventarsi nuovi lavori per vivere o sopravvivere, resterà sempre il luogo di tutte le mitologie, di tutte le costumanze, le ritualità, i tabù il suo orientaleggiante dinamismo e le tare che nel tempo si sono sovrapposte l'una all'altra resterà sempre come il luogo dell'anima e dell'incanto, resterà sempre protagonista nella famiglia, nella casa, nella scuola e nella strada. Un po' snob in un mondo sempre più frequentato, variopinto e volgare.

"Mi è difficile esprimere l'emozione che provai entrando in città. Quel sole brillante, in quella distesa di mare, quelle isole che si scorgono in lontananza, quel Vesuvio dal quale si alzava una grossa colonna di fumo, infine tutta quella gente talmente viva, rumorosa, talmente diversa da quella che si vedeva a Roma, tutto mi incantava."[7]

Così si esprimeva nel secolo dei lumi una donna emancipata, artista famosa, dopo aver lasciato Parigi e aver attraversato tutta la penisola da Torino a Napoli. È la testimonianza di una grande esperienza di vita vissuta e un meraviglioso spaccato di vita quotidiana di grande valore e significato perché visto con la lente di ingrandimento del " Grand Tour" di Elisabeth Vigèe – Le Brun. Napoli era già allora una città sovrappopolata, tumultuosa, vociante ma non per questo era considerata luogo di affanno e dei rumori.

Al contrario era considerato luogo privilegiato dove ogni essere umano, sia che cercasse Dio sia che cercasse se stesso trovava sempre l'uno e l'altro ora vivendo attivamente la vita dell'*urbs* ora vivendo una vita contemplativa nell'*otium* della *civitas* beandosi dell'amicizia delle Muse, del canto degli uccelli e del mormorio delle fronde come se nascondessero in sé una freschezza benaugurale e una grazia pronta a tradursi in figure allegoriche che attengono alla sfera dello spirito. A Napoli ancora oggi, i suoni, i colori, le parole manifestano

(7) Elisabeth Vigèe-Le Brun-1755-1842 Ricordi dall'Italia – Pittrice francese esule in Italia dal 1789- Il grand Tour dell'artista fuggita da Parigi alla soglia della Rivoluzione

una verità spirituale prodotta dall'uomo attraverso cose materiali ma anche attraverso il nullo, l'inconscio e il desiderio: silenziose categorie fisiche e filosofiche del naturale così come guardare e non toccare, guardare e toccare, guardare e desiderare di non guardare: silenziosi tormenti dell'anima, furore morale,e angoscia che assale la coscienza. E si alimentano a vicenda. E allora? Allora val bene non guardare per non vedere rozzi simulacri.

Ogni rozzezza si dissolverà senza lasciare traccia e sarà bene accarezzare anche con il solo sguardo quell'aria fine dal sapore di mare che stordisce la mente, rallegra lo spirito e alimenta il calore dell'affetto nella magia, nel distaccato compiacimento della vita contemplativa: recita il poeta:

"Illo Vergilium me tempore dulcis alebat
Parthenope studiis fiorente ignobilis oti,
carmina, qui lusi pastorum audaxque
inventa Tityre, te patulae cecini sub tegmine fagi" [8]

"In quel tempo la dolce Partenope aveva cura di me,
Virgilio, felice nell'ignobile ozio dei miei studi,
che una volta mi dilettai di canti pastorali e con giovanile audacia
cantai te, Titiro, l'ombra di un faggio dall'ampia chioma"

Partenope il nome della bella e dolce sirena che si lanciò in mare per amore di Ulisse. Il suo corpo fu spinto dalle onde sulle rive della città che prese da allora il nome di Partenope. Forse per volere degli Dei che vollero così renderne il nome immortale come è immortale il nome della "città partenopea" la mia città. Fra le quinte del Mondo. Godendosi lo spettacolo del Golfo inebriandosi del canto delle sirene che tentano di sedurre l'omerico Ulisse dal multiforme ingegno dominato dalla volontà di vagare per mari e per terre sconosciute accendendo speranze e appagando bisogni e desideri ma al tempo stesso mantenendo sempre vivo il pensiero del ritorno alla sua isola, e alla

(8) Virgilio – 70-19 a.C "georgiche" -libro IV-

sua famiglia dove tutto comincia e tutto finisce nel fluire e definire confini, identità, esperienze e nostalgia dei ricordi e del ritorno: categorie silenziose del passato, del presente e del futuro di quella millenaria osmosi di causa e d'effetto che come fu per Ulisse tiene avvinto il popolo di Napoli all'incanto fatale e alla nostalgia e della sua ellenica origine, del suo presente e del suo futuro capace di dar voce a pensieri non compiuti e alla solitudine, al senso di estraneità e di smarrimento della difesa della sua identità, alla fantasia assoluta e incomprensibile, fino alla capacità di schivare l'abisso morale dei nostri tempi e l'improbabile meticciato antropologico e culturale previsto dall'evoluzione apparente della tecnologia o dalla reale involuzione dell'economia e della finanza e della degenerazione della politica diventata una democratica associazione a delinquere dove tutti sono responsabili e quindi nessuno è responsabile.

Oh! Potessi io proiettare fasci di luce potente della riflessione del giudizio contro le tenebre che quali veicoli di lussuria e di non conoscenza sembrano abitare la mente e l'anima dei detentori del potere e far dissolvere le loro mostruose figure e il loro potere e i loro crimini e le loro perversioni e i loro peccati. Oh! Potesse il popolo destarsi in armi con roncole e forconi e far piazza pulita. Tu cara torcida città mia, mio paese natale e sacra terra dove riposano i miei antenati, ti amo, tanto nonostante tutti i tuoi grandi difetti e non voglio vederti dissolvere come polvere al vento in uno spazio deserto, desolato, squallido, né voglio che tu sia divorata dai tanti squali e dalle tante fameliche, tumultuanti mostruose figure di bancarottieri, finanzieri d'assalto e politicanti corrotti: bestie eccellenti, che alla stregua del biblico implacabile Leviatan [9] tormentano gli esseri umani e li umiliano e li affamano ora innalzando tumultuose limacciose e fragorose onde di terrorismo per intimorirli alleandosi con altri mostri, come loro aggressivi e voraci, provenienti dal mare, ora brandendoli con "concordati" democratici assalti al bene comune in nome di una fan-

(9) Leviatan – Giobbe 40,25-41,26- tratteggiato come un poderoso coccodrillo: celebrazione suprema di Dio che può permettersi di giocare con lui come se fosse un passero legandolo per il divertimento delle fanciulle (40,29)

tomatica Charitas. Io posso solo pregare a che la tua storia gloriosa che ha segnato il destino del popolo di questa città continui a suscitare passione civile, partecipazione morale e segnare ancora un destino di dignità e giustizia fino all'uccisione del Leviatan nel valore e nel significato dello spessore del tempo.

Ricominciare poi a vivere festeggiando l'evento con un grandioso messianico banchetto imbandito per i giusti [10] quelli che erediteranno la terra [11] dove trionferà la giustizia e la pace insieme con la sovranità e l'indipendenza propria del popolo che quale riflesso dell'intera creazione ricorda il passato e guarda al futuro che possono confluire e il soprannaturale rivelarsi catturando l'anima di chi vi si affaccia.

Verità delle cose? O mera apparenza in cui si corre il rischio di perdersi come accadde a Narciso? È farsi un mondo alla rovescia che attira in dimensioni misteriose e irrazionali? Chissà! Ti avevo assicurato che avrei provveduto per farti avere ancora qualche altro tassello per il tuo mosaico-cartolina ed ora sono pronto per questo. Riflettendo però sulla maniera di costruire questo "mosaico" mi sono chiesto se esso non rassomigli un po' a una scatola di costruzioni, quelle di una volta, di quando eravamo bambini, una scatola piena di piccoli blocchi di pietra bianchi, neri, azzurri, color terra, gialli, rosa, rossi da mettere uno accanto all'altro in bell'ordine e con bel senso dell'equilibrio e dell'armonia fino a tirar su una casa o una cattedrale o un paesaggio alpestre o marino. Si è proprio così! Il mosaico che ora stai costruendo somiglia molto a quello che si realizzava con una scatola di costruzioni. ma è tanto tanto differente: quei piccoli blocchi di pietra erano tutti uguali a differenza dei tasselli del tuo mosaico che non hanno una dimensione definita. Non sono piccoli blocchi di pietra. Sono idee, ora ingenue e gaie, ora turbate e crudeli, sono immagini, emozioni di vita e a volte espressioni di sentimenti che si addensano e significati che percorrono il mito, la storia, la religione, la superstizione e la magia. Un comportamento e uno stile di vita fatto di illusioni e levità basato su quanto v'è di impermanente. E tu mio

10) *Tradizione giudaica*
11) *Matteo 5,5*

Napoli - Veduta aerea

caro amico hai ora la possibilità di dare la dimensione definita che vuoi ad ogni tassello. Te la puoi cioè immaginare di dimensioni millimetrica o sesquipedale, tonda o quadrata, lineare o sabbiata e potrai così "costruire" un mosaico-cartolina dell'intelligenza, del pensiero e della filosofia della vita della mia città nella magia del distaccato compiacimento del tuo lavoro ben fatto fra le quinte del Mondo accogliendo entro una successione di "tasselli" destinati a far da contrappunta a quello che altrimenti resterebbe fluido e confuso. "Respectata lege plene" come diceva San Tommaso, sei arrivato, di tessera in tessera, nel corso della nostra conversazione, quasi al completamento del mosaico-cartolina specchio delle virtù, dei peccati e della solitudine sulla quale è costruita la personalità dei napoletani.

È anche il rapporto tra loro e Dio, la loro fede, le loro credenze o il loro ancestrale feticismo: l'esistenza di ciascuno in un itinerario elitario e parallelo tra realtà e sogno tra armonie e dissonanze tra sublime e infernale. E allora il significato e il valore profondo della napoletanità troverà riferimenti nel cerchio il cui centro è la tua mente e la circonferenza la tua anima che ora potrà esercitare il piacere dell'intelligenza e dell'emozione e specchiarsi criticamente nella cultura e nel gusto della gente e può far luce sulla controstoria di quella storia che celebra se stessa, la potenza e il dominio proclamato, voluto e giustificato in una sorta di flusso indistinto e che tutto trascina certamente confondendo la messa in discussione del valore con la perdita del valore stesso.

Capitolo dodicesimo

VALORI E TESTIMONIANZE

La scala dei valori varia nel tempo e nei diversi luoghi e da questi derivano giudizi, pregiudizi e opinioni. Il tempo sembra scorrere assai dolcemente e si vive almeno nella mia agostiniana città un apparente periodo di *douceur* e di quiete, e le tempeste che non mancano mai, pur assumendo a volte aspetti minacciosi e corruschi, alla fine risultano essere fenomeni di superficie incapaci di sconvolgere il fondo delle abitudini e del modo di vivere delle persone spesso legate per tutto quello che c'è di meglio e di peggio nei loro sentimenti e nei loro desideri a quegli angoli della nostalgia dei luoghi dove sono nate e vissute nel gioco, nello studio, nell'amore e nel rapporto col sacro o col profano.

Da cui le tradizioni oscure e celate, le manifestazioni estreme, le fughe verso il fantastico e le utopie sono preferite a quanto ricade sotto il manto uniforme della norma. È questa una mia personale opinione ma simile alle mie utopie e illusioni di un tempo, quando sognavo di redimere il mondo. Ovviamente avrebbe bisogno, per dimostrarsi vera, di uno Zodiaco benigno perché i concetti di "abitudine" e di "modo di vivere" sono sempre privilegiati, nel mondo, a loro modo sempre e comunque consacrati. Nella possibile varietà e variabilità.

E leggerli nella loro stratificazione nel corso delle varie epoche, nel loro intersecarsi e talora collidere è una esperienza incredibile, è come vivere una identità: è come attraversare un sistema di relazioni, di rapporti e di incroci continuamente in trasformazione e in evoluzione e continuamente incredibilmente uguali nella radice o a se stessi nell'invito ostinato a ricordare o meglio a non dimenticare: lato ben sostanzioso della cultura dell'uomo contemporaneo, tanto cosmopolita e geloso del suo privato nello stesso tempo, quanto legato per mille fili problematici all'idea stessa di identità culturale e di tradizione che non è necessariamente paradigma ma, nell'eccezione, comunque qualità, qualità vera che invita, istiga, provoca a raccontare, a percorrere ogni volta in modo nuovo una delle infinite possibili storie che aiutano a capire le abitudini, le passioni e quell'atmosfera allegra, rumorosa, festante e gaiamente caotica che incarna appunto l'anima di un popolo dalle mille anime come quello napoletano che affiora alla vita da un fondo di terra vulcanica in cui l'ombra è più densa del reale, come la memoria o il desiderio lo sono rispetto al presente.

Ma non per questo bisogna necessariamente vederla in modo negativo e di riflesso come una possibile divergenza di interpretazioni ma come un buon metodo per affrontare la questione che comporta il richiamo di fatti.

Questo sì. Essenziale al riguardo quelle testimonianze capaci di "costruire" mosaici dell'intelligenza, del pensiero, di una identità in cui è possibile riconoscere l'esistenza di una qualità alta, forte, precisa, capace non solo di sopravvivere nel fluente mare magno che chiamiamo modernità ma anche di arginare la minaccia pura e semplice della scomparsa del modo di vivere spontaneo e franco di un popolo pieno di vita, di talento, di mistero, di fantasie e di immaginazione ed erede di una gloria passata che non può essere "rifondata" né determinata da "valori" scelti altrove perché patrimonio morale di quei vivi, di quei morti, essere umani, antenati immortali toccati dalla grazia divina ma appartenenti al tangibile terreno, che hanno contribuito, in modo determinante, a edificare insieme con la identità culturale e il senso di appartenenza fissandolo poi nella coscienza secondo un'immagine tipica e univoca e tramandata con amore e penetrante conoscenza dell'anima, delle passeggere vicende umane, della fragilità delle cose e della vita stessa restituendo nel contempo il senso di un tessuto saldo e ricco di esperienze e di bellezze attraverso il quale si è costituito quel valore fondamentale che chiamiamo "napoletanità" bellezza e lentezza dove la provincia è nazione e la nazione è provincia.

I'm not Italian   *Non sono Italiana*
I'm Neapolitan!   *Sono Napoletana!*
It's another thing. [1]   *È un altra cosa.*

Napoli fa incetta di sole dall'alba al tramonto e duemila anni o più di storia non l'hanno fatta invecchiare più di tanto. Bella, luminosa, esposta contro il mare, non sul mare, vive come sospesa improvvisi silenzi in cui come per miracolo esplode la luce dorata del sole che sale dallo specchio del mare e ciò che sembra violenza, avventura, dissacrazione diventa come una immersione nella prorompente vitalità dell'esistenza. Ma tu caro amico forse ancora non sai che è una città gentile, d'affabile parlata, dove potrai vagabondare senza cercare altro che l'emozione furtiva del paesaggio e delle persone. Sarà per te, e ne sono sicuro, un gran piacere girare a caso per le vie e vagare senza cercare tra la folla ardente che formicola. "Lasciatemi vagare blandito da quello che m'è dato senza nulla più chiedere su quel golfo delizioso dominio di Partenope-dimora virgiliana".[2]

E Napoli da quella gran dama che è, nonostante il suo spirito di gioco, il piacere della beffa e la mancanza di ogni misura nella vita, ti invita a sederti al suo fianco lungo la passeggiata di via Caracciolo su una delle "rotonde" fra le colline del Vomero e di Posillipo lì "gettate" da Dio per il riposo gioioso dell'intelletto e il sacro respiro dell'anima, carezza dell'infinito, bagliore di dolcezza e di nobili pensieri.. che si ricompone non solo nella misura formale della quotidianità, ma nella misura morale della sua eccezione più profonda e rispettosa della sacralità della vita.

Tu ti chiederai, come può una città dove si uccide e si mercanteggia in maniera illegale dissertare di virtù e moralità?

(1) Sophia Loren – intervistata da un giornalista americano nel 2011 a Los Angeles
(2) Wordsworth – Memorials

113

Napoli può. Perché in tutta questa città i concetti di virtù e di moralità risalgono per cultura, storia e vita vissuta ad una verità che è l'eternità che si contempla in uno specchio e che non è riscontrabile nelle singole azioni e in certi opinabili comportamenti di singoli personaggi ma nello spessore di una morale assoluta che è verità e specchio insieme e che trova le sue ragioni profonde nelle passioni, nei desideri palesi e non, negli incontri con il sacro e con il profano, con la vita e con la morte e sempre confrontati con la dolorosa realtà di una quotidianità vissuta da umili e da poveri piuttosto che da ricchi e potenti, da gente disperata piuttosto che da una società opulenta e gaudente laddove ogni uomo vive nel crepuscolo della vita come sospeso tra la notte della sua essenza e il giorno della sua essenza divina. Certo si sa che la vita offre mille occasioni di vita che dà la vita stessa trasportando in essa la complessa e articolata realtà spesso appassionata ma più spesso scellerata quanto dolorosa, perciò densa di valori umani ben valutabili in quella particolare prospettiva che è presa diretta sui problemi stessi della realtà del bene e del male insieme, in quanto espressioni inscindibili della vita e dei sogni dei tempi e dello spirito vagante nel vento del destino degli uomini come nelle tragedie di Sofocle.

In tale contesto il napoletano appare per quello che è: una brava persona, pacifica e di cuore che fatta la pace con la propria coscienza semina pace intorno a sé agendo nella concretezza storica per realizzare soluzioni di pace.

E in questo è un gran pacificatore forse un po' filosofo e un po' sfrontato e arrogante ma dall'anima incantata e generosa. E poi ha guardato e scoperto nel più profondo del proprio cuore che proprio ciò che aveva turbato la sua vita e dato dolore gli ha procurato alla fine gioia e serenità tessute con i fili dell'amore e della misericordia divina. E così oggi placati i moti dell'ira e abbandonato l'orgoglio si desta alla vita con rinnovato ardore e con cuore puro e leggero e ne rende grazie a Dio con una preghiera per il prossimo che come spirito libero avvolge la terra e si muove nell'etere come onda della sua memoria e traccia della sua esistenza.

Miserere! Miserere!
So' 'e peccate, so' 'e peccate
San Gennaro miserere
San Gennaro ora pro nobis,
ca pentite simme nuje,
ca peccà' cchiù nun vulimme

Vivendo con questi sentimenti congesti e intimi non c'è molto che il popolo di Napoli non sappia delle primordiali esistenze della vita. Del perché dell'allegria e di quel naturale equilibrio morale e mentale della gente e della grande vicinanza della chiesa che diventa lo specchio vivente della vita cittadina quella vera, popolare che si vive all'aperto rumorosa, pubblica, spesso gaia, colorita di esistenza, appartata e gelosa.

Ma sempre autenticamente semplice e popolare che secondo alcuni sarebbe in verità una condizione di vita completamente negativa non solo perché rappresenterebbe una realtà dall'infernale disordine, da arretratezza culturale e sociale e da incredibili rumori, ma soprattutto perché alla base di questa ipotetica condizione di vita si può riscontrare un equivoco morale che determinerebbe alla fine, in concreto, una abulica rassegnazione con consequenziali alienanti condizioni di vita subdola, infingarda, bestemmiatrice e vendicativa. Un equivoco morale? Perché? Forse che a costoro non è gradita la vita del popolo quando è vissuta "all'aperto", in maniera gaia e colorita di esistenza? Forse. Va comunque evidenziato che in certi quartieri della città effettivamente si vive in "alienanti" condizioni di vita. Ma va anche evidenziato che questo tipo di vita la si riscontra in tutte le grandi città sedi di importanti porti commerciali e militari.

E anche a Napoli che è una grande città con un grande importante porto commerciale e militare nei dintorni del suo porto la vita può assumere aspetti che rivelano poi quella esuberanza nel gesto e nel timbro e nel tono della voce che insieme con le parole incomplete, il movimento lento dei corpi fa pensare da un lato non tanto alla lingua italiana ma a quella greca dei marinai e alla rilassatezza o all'assenza di ogni passione contingente o addirittura a una deprecabile abulica rassegnazione da un altro lato tale da dare l'impressione della città come di "Un paese misterioso, dove gli uomini e le circostanze che fanno la loro vita, sembrano governate non dalla ragione e dalla coscienza, ma da oscure forze sotterranee" [3]

Immagine suggestiva ma non rispondente alla realtà della quotidianità della vita nella sua accezione più ampia. Napoli è un'altra cosa: "È... una rivelazione inattesa e sconvolgente" [4] per la sua umanità e per il progresso e sopravvive con la dignità e la classe di una vecchia aristocratica signora.

Amata e rispettata nonostante che con l'unità d'Italia sia stata declassata da Capitale del Regno delle Due Sicilie al rango di città depressa. Si vive all'aria aperta lungo i contorni di quella grande piazza che è il golfo. È bello guardare il mare: spalanca le porte del cuore e porta lontano i pensieri e la gioia, i desideri e i dolori alla scoperta della vita immaginata nel silenzio della propria anima.

È bello e buono guardare il mare; i suoi tumulti danno vita ai tumulti del cuore che cullato dalla luce della divina luna trova pace nel suo andare e venire di cui non si vede dove comincia l'uno e dove l'altro e non si dispera traducendo in raffinatezze di fantastiche immagini l'architettura dei propri pensieri. Recita il poeta: [5]

Fosse dipeso da me non sarei venuto nel Mondo
E se dipendesse da me l'andarmene, mai me ne andrei.
E meglio di tutto sarebbe stato se in questa vecchia taverna
che è il Mondo
Non fossi mai vissuto, né andato, né stato.

Quanta malinconia! Quanta tristezza nell'anima di Khayyam e che pensieri profondi tradotti in parole! Ma molto, sicuramente, restò nel

(3) *Curzio Malaparte (1898-1957) – La pelle – opera provocatoria e paradossale.*
(4) *M.Furnari op. cit.*
(5) *Omar Khayyam (Sec. XI-XII) – Quartine......*

suo cuore, di non detto, nel corso del suo "andare e venire" in cerca di pace per non disperare: cercò l'amore. Quello che porta alla consegna della realtà divina: raggio di luce tra le nubi.

"Vieni amore (*) nel nostro cuore
e sciogli con la tua bellezza il nostro difficile problema
e tu maestro spirituale(**) porta un'anfora del vino
della conoscenza che ne brindiamo insieme
prima che i nostri corpi d'argilla diventino anfore" (5)

È bello e buono contemplare il mare. Guardarlo a lungo e fissarne l'emozione in una visione interiore, in una meditazione che porta via la tristezza e la malinconia e apre l'anima al tempo e allo spazio, all'infinito e alla sacralità della vita. Khayyam non conosceva il mare. Era nato nella città di Nisciapur nel Khorasan nella parte nord – orientale della Persia che era come è ancora oggi zona isolata e desertica e per quanto di austera bellezza e nonostante sia coperta da arbusti e punteggiata di pietre e di cespugli simili all'artemisia mette nell'anima quella misteriosa tristezza che diventa malinconia.

Mistero senza mistero. Il suo canto e la più alta e poetica trascrizione del suo sentimento religioso nella stessa misura di quel pescatore che a Napoli nel lato opposto del mondo di Khayyam dove turbinano colonne di sabbia, in una solare tranquilla mattinata, dopo aver trascorso la notte in mare a pescare, si godeva il bel sole sulla rotonda di via Caracciolo contemplando il mare a lungo e fissando nella sempre e profonda emozione che prova ogni uomo di mare in tale circostanza in una visione interiore che lo porta con la mente lontano a immaginare l'infinito, l'amore e la sacralità della vita e a vivere così qualche ora di *douceur* e di quiete non pensando a quelle "tempeste" che talvolta sembrano minacciare la vita e che ora può misurare come si possono misurare solo nel sogno, nel ricordo o forse mai

(*) Nella poesia persiana classica " bot" è appellativo dell'amata
(**) saqi = coppiere. Nella poesia mistica persiana in genere si intende " maestro spirituale."

certe angosciose mescolanze di pensieri e di immagini scomparse da tempo ma che spalancano quel mondo della napoletanità ricco di toni e di sentimenti di passionalità, di umiltà e di semplicità di coraggio e di lealtà verso se stesso, verso gli altri e verso la natura. Rispetta il mare, anzi lo ama e nella solitudine della vita di pescatore tante volte si comporta come se temesse di sopraffare l'ambiente naturale di "sorella acqua."

E si accontenta del minimo pescato. E si gode poi felice il riposo dopo la fatica della notte passata in balia del mare privo di forma definita ma mobile, instabile, sfuggevole e non sempre amico. Ciascuno ha un compito nella vita il cui adempimento è un dovere verso se stesso. Il problema non è tanto condurlo a buon fine ma esserne consapevoli, a capire davvero cosa la vita voglia da noi. Nel dubbio attendere. La comprensione arriverà. E arriverà una svolta: è l'occasione che abbiamo saputo cogliere.

È sorprendersi e capire. Queste mie considerazioni, caro amico, fratello, sono uno stato di cose, parole e sentimenti. Se vuoi potranno diventare un'occasione e non un limite che metti a te stesso. Così se vuoi seguirmi, ancora, considereremo insieme quest'ultimo "tassello" per tentare di completare il tuo mosaico – cartolina prima di iniziare il viaggio che ti farà conoscere questa straordinaria e sfuggente città suscitando ancora di più in te quel sentimento di simpatia che forse è già iniziato in un certo interesse e in un certo affetto con la nostra conversazione e che nel gioco reciproco di questi due elementi so che ha incredibilmente generato nella tua anima una comprensione fortemente sentita quanto sincera: qualcosa che è simile all'amore e che come filo di Arianna, ucciso il Minotauro nell'anima dei denigratori ti porterà fuori dal labirinto dei luoghi comuni, delle contraddizioni e dei pregiudizi che ottenebrano la mente e inaridiscono lo spirito.

E superando lo stadio della semplice comprensione ti darà anche la possibilità di cogliere la realtà più idonea a spiegarne le cause e gli effetti di tali contraddizioni e pregiudizi che pur essendo privi di contenuto culturale storico e reale sono paradossalmente causa ed effetto di una interessata pregiudiziale ideologica e quindi politica: cioè di

Napoli, Via Caracciolo - Castel dell'Ovo

parte. Diverso è l'animo di quanti hanno conosciuto Napoli e che l'hanno poi descritta con curiosità o con meraviglia e magari, bontà loro, con il tono di osservatori distaccati dal pregiudizio e sostanzialmente razionalisti o laici, ma sempre nel rispetto dovuto ad un onesta, aristocratica signora che nel corso della sua gloriosa storia ha dato vita a opere d'arte narrative, pittoriche, musicali e filosofiche di valore universale fino a quella realtà non più dominata ma subita per la ingannevole e mai digerita annessione al massonico regno savoiardo con il consequenziale barbarico e incarognito saccheggio dei beni della città e dell'intero Sud.

Ed or, dov'è la patria?
Dove la famiglia?
Di chi son io? [...] [6]

Quando alcuni anni fa venni a conoscenza dell'inquietante ma illuminante dialogo tra un tranquillo pescatore napoletano ed alcuni turisti stranieri fui particolarmente colpito dalla filosofica tesi soste-

(6) Nicolò Tommaseo (1802 – 1874) Solitudine

119

nuta dal pescatore e dal silenzio assenso degli increduli turisti che avevano compreso bene ciò che aveva detto il pescatore ma soprattutto perché lo aveva detto e il modo in cui l'aveva detto: i significati e senso della napoletanità sensazione che forse avevo nel tempo immaginato che prima o poi potesse accadermi avendo seguito tante tracce e persino minimi indizi nel mio spontaneo percorso di capire e conoscere l'essenza dell'anima della città cioè della napoletanità che ora mi si rivelava.

Sic et simpliciter con il dispiegarsi di quel dialogo, che, per quanto semplice e lineare, aveva in sè una tale forza emotiva che mi provocò un forte turbamento, dandomi anche ampia materia di riflessione ritrovando, come in un sogno, i miei ieri e l'oggi e anche il mio domani insieme con una rinnovata consapevolezza dell'inadeguato fondamento della mia stessa esistenza immaginata che potesse essere cullata da arie sublimi che portavano la natura dei sentimenti ai confini del reale ma non a quello effimero del mondo d'oggi ormai instabile come l'acqua. Il pescatore, in sostanza, aveva sostenuto nel suo conversare con i turisti che lo avevano interpellato la sua personale tesi del buon vivere in semplicità e umiltà: modus vivendi di tanti napoletani e da me condiviso.

Anche se non lo avevo mai teorizzato.

Tutto qui in apparenza. In realtà evidenziava se ce ne fosse ancora bisogno che Napoli è la patria della genialità improntata alla moderazione e a quella vivace, esuberante e virtuosa quiete che in altre realtà urbane spesso si trasforma in difetti contraddicendosi reciprocamente non solo senza annullarsi, ma arricchendosi. Più che logico. È matematico.

Infatti la terminologia e la sintassi di questa cultura è connessa con l'immagine stessa e il discorso narrativo e filosofico del pescatore con i suoi interlocutori non solo nella dimensione temporale del momento ma con riferimento del presente della vita e all'attesa del futuro che si struttura nel senso dell'euritmia perché la vita è un opera d'arte, del limite della misura che si rivela a Napoli come una costante della concezione della sacralità dell'esistenza da rispettare sempre e ovunque. La nostra epoca dell'economia e della finanza ha generato un terreno nuovo il kronos: il tempo che è denaro, l'uomo non è più uomo e la donna non è più donna in controtendenza dove il tempo è kairos quello cioè del ritorno a riflettere sull'uomo piuttosto che sulle cose del mondo. L'uomo come "Bios" attento a vivere il proprio quotidiano con il maggior agio possibile e a divenire il cittadino più avvertito. Intanto oggi l'intera umanità smarrita, disorientata e confusa tesse e disfa la propria dignità, ottiene primati eletti e reietti e commette crimini. Perché? forse per la gloria? quale gloria? E allora perché questo comportamento? Perché questo dolore? Ancora oggi ci sentivamo giovani e forti e ci godevamo spensieratamente la giovinezza.

"Ah quanto tempo noi non saremo, e sarà il Mondo!
Non nome di noi rimarrà, non traccia veruna.
E prima già non fummo, e il Mondo non n'ebbe alcun danno
E ancora poi non saremo, e tutto sarà come prima." [7]

Ma la vita è soltanto "bios" o invece come ritenevano gli antichi che congiungevano bios e ethos significando che la vita è guida alla vita? Ogni essere umano cerca istintivamente di dare un senso alla propria vita e contemporaneamente un senso alla storia da cui anche "... un semplice atto o una parola o magari uno scherzo qualunque riescono a mettere in ... rilievo i costumi delle persone ..." [8] e l'identità di un popolo

Ora amico fratello tocca a te e stai bene attento! Quando arriverai a Napoli non lasciarti impressionare dalle apparenze: i napoletani sono e rimarranno "napoletani" gli altri non hanno fatto che servirsi di loro. Ancora oggi lo fanno. E non li comprendono né mai li apprezzeranno. È peculiare nel loro destino dove si congiunge la vita in quanto bios e la vita in quanto ethos e fa l'uomo libero. Gli altri

(7) Omar Khayyam poeta persiano dell'XI sec – Quartine
(8) Plutarco – 46 – 125 – Vite parallele – Alessandro Magno e Cesare

non sono liberi. Tieni bene a mente questa precisazione. Perché è in essa che si evidenzia la differenza fra la vera libertà e l'anelito alla libertà, la Realtà e l'inconscio. Forze differenti che però agiscono simultaneamente. "Il pensiero del pescatore" le unisce in forma simbolica. Un'opinione diversa farebbe peccaminosamente violenza alla sacralità del pensiero istintivo naturale, vicino al pensiero di Dio e si tradurrebbe in realtà in un processo di livellamento e uniformazione quando non, addirittura, di aridità e di un definitivo addio ai tanti attimi di innocenza che, a volte, raffiorando dal fondo senza fondo dei ricordi come una nave rompighiaccio, che, seppure con fatica, lentamente frantuma una porzione di banchisa così aprono uno squarcio d'amore nell'oceano della nostra anima, laddove ogni anima è il mondo intero in un rapporto fusionale che ha il respiro dell'eternità.

E chi è nato in una città di mare e a bordo d'acqua lì vive e lavora sa immaginare questo rapporto fusionale anche fra il luogo in cui vive e la spiritualità che vi aleggia al suono "delle trombe d'oro della solarità". Incredibile fenomeno! Perché? Perché nonostante la naturale trasfigurazione del permanente persiste, anche nelle nuove configurazioni assunte una recondita individualità e una identità chiara e coinvolgente. Fenomeno forse poco appariscente in superficie ma ricco in profondità di significati, di rivelazioni sorprendenti e riflesso della sua stessa reale continua e contraddittoria trasformazione e della storia degli abitanti, delle loro abitudini, delle loro aspirazioni, del loro rapporto con la natura e il territorio, del loro modo di sentire ed esprimere il bello, il solenne e il sacro: Riflessione partigiana? Ma no! Tutt'altro. Anzi potrebbe sembrare tardiva scoperta di una realtà a cui gli abitanti di questa "città dell'anima" sono assuefatti da sempre e da sempre vi si aggirano come in un labirinto che ad ogni voltar di luce presenta loro inaspettate sorprese e intelligenti piaceri e una filosofia della vita fatta di instabili curiosità.

E che per questo forse in questo labirinto amano andarsi a sperdere da veri innamorati della loro città e della loro vita, facendo attenzione a tener ben stretto il filo per individuare ostacoli che diverrebbero ostruttivi senza quel filo di Arianna predisposto dalla tradizione e della storia in cui gli eventi della vita si dipanano.

È un vero piacere passeggiare per via Caracciolo: quel lungomare napoletano che si protende su due scenografiche "rotonde" che come d'origine vulcanica per via dell'anfiteatro tondeggiante del golfo, si delineano al termine della distesa piatta. Inattendibile congettura in astratto e in concreto ma che presenta tuttavia un paesaggio unico pieno di luce e di vita e quindi scenario della vita dell'uomo lasciando intravedere nel suo interno l'esterno della quotidianità della vita stessa come miracolo dalle inesauribili risorse degli elementi fino a diventare giardino di una magica primavera dove sbocciano fiori madreperlacei che biancheggiano, tutti uguali, lungo i bordi delle "rotonde" e tendono a sollevarsi e a dilatarsi come invisibili onde del prospiciente mare. E premono dall'interno per l'assenza di roboanti spessori di forze svariando dalle profondità marine fino ai risvolti dell'animo umano. E respirano e vivono distendendosi sulla superficie leggera in attesa di raccogliere al tramonto le ultime luci del giorno in una connessione mobile e articolata così come improbabile gomena tra la nave e il molo.

E attendono pazientemente il sorgere della luna che come allegra ballerina fa timidamente capolino tra le nubi che vanno a riposarsi mescolandosi fra loro dando vita a una convivenza breve ma con calorosi e amorosi abbracci che suscitano struggenti desideri di appagamento e di pace. O cari amabili, teneri, madreperlacei fiori che con invidiabile forza sfidate il caldo, il freddo, l'umido e la salsedine e, ben capaci, grazie allo stabile vostro temperamento, di assistere placidi alle gioie e al patire, alla partecipazione ai climi e alle intemperie, suscitando a volte, per questo, una probabile invidia in chi vi osserva e vi ama temendo l'inatteso che sempre si nasconde dietro l'angolo e lancia la sua sfida. E per neutralizzarlo ricorriamo a nomi e concetti come il fortuito, la causalità l'accidente o l'eccezione. I ricordi di tanti passioni, delle meraviglie e degli orrori della natura: eclissi, tempeste, inondazioni e questi termini che rivelano perplessità e sgomento e questi pensieri che sono rifugio, ispirazioni, guida e coscienza frullavano sulla mente del pescatore che chi lo conosceva e frequentava chiamava rispettosamente don Salvatore. Stava riposando il brav'uomo dopo la fatica della pesca notturna, la vendita del pescato e il rammendo delle reti danneggiate quando fu richiamato alla realtà dal vociare di alcuni turisti e dal richiamo di uno di loro. Sollevò il capo. I suoi capelli scuri luccicarono al sole mentre il suo viso dalla carnagione bruciata dalle salsedine assumeva una espressione di curiosità e la bocca di sfida. Gli occhi che scrutavano da una lontananza prossima si incrociarono con quelli del turista.

Con ironia pungente e con una solennità piena di presunzione e di sussiego questi, forse volendo dimostrare una sua presunta superiorità culturale e sociale rispetto a quella improbabile del modesto pescatore e ritenendo forse che in tal modo poteva far colpo sulle persone che con lui si accompagnavano o ritenendo, bontà sua, di rivelare astuzia, acume e perspicacia nell'interloquire con un proletario sparò ex abrupto verso il pescatore una irrispettosa "incontrollata bordata" *"che fai lì, a pancia all'aria? - sono appena le dieci "*

Sullo sfondo sotto un cielo limpido le barche a secco e le reti messe ad asciugare al sole si componeva nello spazio sulla rotonda una tipica prospettiva.

E proprio là dove questo spazio terminava, nel punto di fuga della scena incominciò a svolgersi con ritmi accelerati l'enigmatica conversazione tra il pescatore e il nordico straniero turista. E mentre si alzava un lieve vento e la luce si modificava leggermente il pescatore si alzò per rispondere alle domande del turista.

La camicia a casacca svolazzava come se una strana presenza impregnasse la "rotonda" con il suo afflato: *"Sono stato a pescare per tutta la notte il pesce l'ho già venduto, ho calafatato anche le barche e ricucito le vele, e adesso mi riposo"* rispose Don Salvatore contrapponendo a parole altre parole che però entrarono in rispondenza anche se riparati dai diversi usi e costumi e cultura dei due. L'effetto che si produsse cominciò ad essere imbarazzante: *"Se tu lavorassi ancora per qualche altra ora prenderesti dell'altro pesce "* - replicò il turista - *"e poi?"* - rispose il pescatore - *"Avresti un maggior guadagno"* *"e poi?"* - rispose di nuovo il pescatore - *"Potresti comprare altre reti più grandi e più forti"* *"E poi?"* *"E poi?"* *"Faresti una pesca più abbondante "* " *E poi?"* Il dialogo tra i due non era precipuamente cordiale. Prevaleva la dinamica sociale, in quanto fenomeno sociale che suscitava l'interesse del turista.

Come in una sorta di magia, fra domande e risposte e dando vita ad un effetto di ingrandimento dell'enfasi assai inquietante in quel luogo che ormai sembrava un non – luogo dove si aggrovigliavano in una strana temporalità due differenti modi di concepire non solo il valore o i valori della vita ma anche avvenimento di quella quotidianità della vita che danno incredibilmente l'impressione di trascendere il tempo, il turista tentò di concludere il dialogo sparando ancora una volta una delle sue bordate : *"Allora diventeresti proprietario di una bella villa e di tutto quanto tu possa desiderare"* *"Magnifico, e poi?"* Il turista ormai alle strette e con le gambe traballanti sentenziò: *"Potresti finalmente distenderti e riposare"* *"Ma è esattamente ciò che sto facendo in questo momento"* - replicò il pescatore.

Sulla rotonda sicuramente dovette effondersi una luce celestiale o forse diabolica quanto foriera di un auspicabile annuncio di un evento eccezionale : dare vita a episodi di reciproca e stabile comprensione che diversamente sarebbero fisse, innaturali e prive di umanità come la conclusione di questo surreale dialogo. La natura per fortuna non ha di problemi "mentali" da risolvere.

E non ha e non prova agitazione alcuna. Né alcun dolore. E quando arrivano, perché arrivano, giorni cupi non si rattrista. Sa bene che poi tutto ritornerà a brillare come prima di colori smaglianti inondati dal sole così come per me quando riaffiora il ricordo del sorriso di lei e dei suoi occhi fulgidi mi sorride anche la vita e mi svela l'eterno in cui vorrei mirarla. Sulla rotonda, dopo la surreale stupida "conversazione" e dopo quelle oscene osservazioni sagge quanto inutili e vuote tanto per dire qualcosa, fu poi meraviglioso ascoltare il vento che rufolava tra i rami degli alberi che si incurvavano sulla spianata. E che meraviglia fu ascoltare lo sciabordio delle onde sotto la piattaforma: bacio dell'acqua quando incontra la terra e la rende gentile, accogliente e giocosa che fa pensare e riflettere. Il mondo non è mai vuoto.

È sempre pieno di gioie. Quando c'è amore quell'amore che "move il sole e l'altre stelle". [9]

Ci sono ancora e ce ne saranno sempre uomini come il turista della conversazione con il pescatore che sembra non sappiano più trovare il bello in tutto ma sanno invece soltanto deridere tutto e tutti, dalle tradizioni solari, oscure o celate alle manifestazioni gioiose o estreme, dalle fughe verso il fantastico e alle utopie. Ma ci sono per fortuna anche uomini come Don Salvatore il pescatore, che, per quanto ingenui, riescono a fare da contrappunto ai pregiudizi in genere ed in special modo quelli nei confronti delle proprie idee semplici ma autentiche.

Don Salvatore che non era nuovo a questi tipi di conversazioni "oziose, sagge quanto inutili e vuote" con certi saccenti turisti stranieri e ben sapeva che costoro hanno un modo di vedere le cose secondo un metro formatosi in ambienti decisamente puritani cioè imbevuti di quella ipocrisia che è una personificazione della parte inconscia e repressa degli uomini moderni che alla fine impedisce loro di allargare i confini della simpatia in cui potervi includere anche chi non la pensa come loro. Poveri napoletani che hanno un diverso modo di pensare e di vivere! Buoni a nulla ma capaci di tutto sostengono i denigratori del loro passato ancora ricco di vitalità e del presente. Oh povera stanca mente mia! Per quanto tempo ancora, dovrai sopportare questi amanti dei paradossi.

Ma poveri loro che hanno smarrito il valore della vita e la sua essenza e non conoscono le radici profonde nell'antica vulcanica terra della Campania Felix e non sanno neppure che i napoletani sono il frutto singolare inconfondibile della passione e del culto per il sacro e per il profano – pro aris et focis pugnare – e sono entrati nella storia della cultura e del folklore proprio per il loro straordinario e diverso modo di vivere la vita sia nei tratti diritti che nelle ampie curve.

Sempre da secoli: sia quando il tempo va piano sia quando il tempo va veloce; e sempre riempiendo di poesie il pensiero e di musica il cosmo.

(9) *Dante Alighieri (1265-1321) La divina commedia*

E tu che ami degli uccelli il canto e l'agile, lieve, etereo volo
ascolta l'eco lontana del vasto canto del popolo.
Oh sì! Parlo con te
caro amico, fratello,
e ti dico di non battere ciglia,
sono con te sulle onde e anelo l'aria pura.
Oh! Che meraviglia
vedere e gustare i colori del cielo
quando al tramonto, al calar del sole lingue di fuoco
sembrano pendere dalle nuvole:
valori di vita lucente all'orizzonte
dove è bello specchiarsi e vedere il proprio volto,
pensare i propri pensieri e riconoscersi nella memoria,
pallido riflesso di una realtà che è già solo pallido riflesso del pensiero
e dell'idea che ciascuno ha di sé come testa o cuore d'uomo.
Ma nei tempi moderni, con la globalizzazione

dell'economia e dei cervelli gli uomini raccozzano parole vuote
di ogni pensiero mentre sono progressivamente privati dalla storia,
giorno dopo giorno, e non se ne rendono conto di tutto ciò che con-
nota l'identità degli essere umani sia come singoli individui che come
popoli o come Stati sovrani ormai ingabbiati entro un alveo di livellamento in basso e in un improbabile informe massificazione estranea
alla cultura dei popoli e degli Stati nazionali di antica civiltà e non di
confuse scorie depositate sulla battigia dalla Storia.

Per ora questi si riconoscono nella memoria: dolce fiore, storia
mistica e guerriera grondante di orgoglio e di sangue. E l'unico modo
per riconoscersi è raccontare e raccontarsi, vocazione antica ma via
via sempre più consapevole che consente di non guardare in senso
orizzontale ma alzare gli occhi al cielo e alle stelle e domandare il
perché del creato.

Ingannevole finzione? Ricordo come arma?

Forse.

Ma è tutto ciò che si può fare per ora contro l'impeto della tempesta dell'antistoria.

Ora mio caro amico, fratello, ecco l'ultimo tassello per completare il tuo mosaico-cartolina di Napoli. Lo immagino come una finestra incorniciata sulla tua anima e attraverso cui troverai risposte o appariscenti immagini di un mondo vero, a tratti ridente, un mondo in equilibrio tra l'intimità degli affetti, lo stimolo dei sensi e la ricerca di una solida credibilità.

È un breve racconto di cui se ne perdono gli echi lontano nel tempo dell'Italianiche Reise di J.W Goethe, [10] che quale testimonianza ben più calda, affabile e credibile di tutte le mie impressioni e riflessioni su luoghi, fatti e atmosfere ti darà la possibilità di comprendere e di valutare perché Napoli è considerata la città dell'anima, pulsante di vita, d'amore e di umanità forse "plebea" ma sicuramente autentica e di valore universale:

" Raggiungemmo allora un' altura dominante. Lì, davanti a noi, si stendeva il magnifico panorama: Napoli, in tutto il suo splendore: la lunga linea delle case sulla costa bassa del golfo, e promontori, lingua di terra e pareti di roccia; e poi le isole e, dietro di esse il mare

– Una vista incantevole –

Un grido di esultanza, un urlo di gioia proveniente dal ragazzo che ci seguiva, ci fece trasalire, un po' adirato lo richiamai; lui non aveva mai udito una parola dura da noi, era il migliore dei ragazzi. Se ne stette per un po' immobile. Poi mi toccò leggermente sulle spalle, mise il braccio destro tra noi e, puntando l'indice esclamò:

"Signore perdonate! Questa è la mia patria!"

"E così rimasi incantato per la seconda volta."

Negli occhi di questo nordico infelice apparve qualcosa che somigliava a una lacrima. Oh sublimazione di un sentimento di alta sensibilità e di autentica grandezza d'animo! Non di miserandi avanzi di un patrimonio culturale e morale venduto nel terribile naufragio della globalizzazione quanto specchio di una concezione positiva della vita scevra da ogni deplorevole implicazione sentimentale e strumentale. Dunque Napoli città dell'anima, per te, caro amico, oc-

(10) J.W Goethe – poeta tedesco – (1749 – 1832) – Italianiche Reise (Viaggio in Italia)

casione per ragionare su ciò che siamo e su ciò che vogliamo diventare e soprattutto per imparare a conoscere ciò che davvero conta nella vita spesso esulcerante e capricciosa nel continuo intreccio fra l'umano e il divino ma anche luogo della solidarietà e della trasformazione del materiale nello spirituale e che si inanellano l'una sull'altra.

Ristoro morale. Culmine, cuore e perla del mistero della vita. E allora benvenuto nella mia città che finalmente attraverso il tuo mosaico-cartolina diventerà luogo mentale, terminus e inizio di un cammino verso l'abbattimento di tanti pregiudizi e l'eliminazione di inutili conflitti: insomma espressioni di libertà – nel tempo della Storia e fuori dalla Storia capolinea del mondo. Misura del possibile. – Con l'azione e col pensiero – Prima che sia troppo tardi perché i "mercanti" hanno di nuovo occupato il "Tempio" e il "Palazzo" e Gesù è morto insieme con il suo messaggio unificante e pacificatore portato all'umanità inquieta e sofferente e non ci sono più i Beati Paoli difensori dei deboli e degli oppressi e del diritto delle genti.

Chi scaccerà ora i mercanti dal tempio ormai diventato una "spelonca di ladri" che razzolano senza un briciolo di pudore?

Anche tra le morte ceneri per appropriarsi, avidi, famelici, delle ultime briciole rimaste.

Addio terra felice, umiliata, offesa e spogliata di ogni suo bene.

Troppo hanno rubato. Non resta che avere fede e pregare. Ma come?

Hanno rubato anche la fede e perfino l'amore. Oh! Come è triste il mio cuore oh! Misera anima mia quanti lividi ti ritrovi ora addosso. A ché il tuo silenzioso urlo di dolore che incarna l'amore. E si fa pensiero? Ma io ti prego Dio e ti chiedo: cerca di esistere un poco anche per chi, come me, è stato espropriato della fede e dell'amore.

Indice

*Megale Hellàs (Magna Grecia) è
l'espressione che definisce insieme un
territorio e una fase della civiltà
nata dall'incontro tra gli abitanti
autoctoni del sud, dell'Italia antica
con i Greci, portatori di una raffinata
cultura. Napoli ne ha usufruito
a piene mani e la perpetua ancora
oggi giorno per giorno contribuendo a
far evolvere ed arricchire la cultura
dell'intera penisola, a farla reagire agli
eventi storici ed adattare a nuove
conseguenze.*

MICHELE BASSO

Interpretare non è, in questo caso, sinonimo di trasfigurare, ma di rivelare. L'artista in questo particolare contesto, mostra una suadente e poetica facoltà espressiva. Riesce a esprimere l'immediata sensazione visiva di un albero con i rami spogli. La suggestione proviene dall'insieme cromatico, basato su una ricca tavolozza, dove ogni particolare della tessitura cromatica è ben meditato.

Interpreting is not, in this case, a synonym of transfiguring, but to reveal. The artist in this particular context, shows a persuasive and expressive poetic faculties. He manages to express the immediate visual sensation of a tree with bare branches. The suggestion comes from all color, based on a rich palette, where every detail of the chromatic structure is well meditated.

Dino Marasà

Malinconia del tramonto
olio su tela, cm 40x50

Michele Basso, Italian graphic artist and painter, was born in Naples on 1936 (November 19). He attended the "Università Orientale di Napoli" for the degree course in Eastern Languages, Literatures and Institutions. He was student of the famous Islamist Alessandro Bausani. The interest in drawing, painting and Art History was for Michele Basso primary, than he dedicated himself at oriental studies. Only at the end of the '50s, driven by a frenetic and continuous need to verify himself at every step, he has begun to draw and paint professionally and he started exhibiting in solo and group shows with the most famous contemporary artists. The critics were immediately interested in his activities. They reported and awarded him in Sondrio, in 1969, the European competition of landscape painting with the gold medal of the Council of European Municipalities; in Cremona, in 1977, with 3° award at the national competition of painting "El Cavalet". Since 1968 he takes part in international art events – Montecarlo 1968 – Symposium of Art Italienne. In Damascus in Syria (1971) to the Italian Art Exhibition, sponsored by the local Academy of Art and the Accademia Leonardo da Vinci. In Berlin, where he has several collectors of his works, Basso is especially appreciated by many German artists with some of which it has established artistic and cultural joint ventures.

Michele Basso grafico e pittore italiano nato a Napoli il 19 novembre 1936. Ha frequentato l'Università Orientale di Napoli per il corso di laurea in lingue letterature ed istituzioni Orientali allievo del famoso islamista Alessandro Bausani. L'interesse per il disegno, la pittura e la storia dell'arte è stato per Basso precedente agli studi di orientalistica ma solo alla fine degli anni '50, animato da un frenetico e continuo bisogno di verificarsi ad ogni passo, ha incominciato a disegnare e dipingere professionalmente e ad esporre in mostre personali e collettive con i più famosi artisti contemporanei. La critica si è subito interessata alla sua attività e lo ha segnalato e premiato: a Sondrio, nel 1969, al concorso europeo di pittura di paesaggio con la medaglia d'oro del Consiglio dei Comuni d'Europa, a Cremona, nel 1977, con il 3° premio al concorso nazionale di pittura "El Cavalet". Dal 1968 partecipa a manifestazioni artistiche internazionali – 1968 a Montecarlo – Symposium d'Art Italienne. A Damasco in Siria (1971) alla Rassegna d'Arte Italiana promossa dalla locale Accademia d'Arte e dall'Accademia Leonardo da Vinci di Roma. A Berlino dove conta diversi collezionisti di sue opere Basso è particolarmente apprezzato anche da numerosi artisti tedeschi con alcuni dei quali intrattiene rapporti artistico-culturali.

Search Michele Basso
on Facebook and You Tube

impaginato ed edito da

Studio Byblos

Palermo - 2017

ISBN 9788894149289